発達障害の子どもが自己肯定感を高める最強の勉強法

和田秀樹

THE BEST STUDY METHOD FOR CHILDREN WITH DEVELOPMENTAL DISORDERS

ター

はじめに

この本は、「発達障害」と診断されたお子様の親御さんや、その可能性が感じられるお子様をもち、不安になっておられる方に、私自身の体験を踏まえて解決法を提案する本です。もちろん「発達障害」にも程度もありますし、ご本人の性格や能力特性の問題もありますから、すべての子に当てはまるとは思っていません。ただ、今回は多くの親御さんがお気づきになりにくい点を中心に書きましたので、子育ての多少のヒントになると考えています。

まず、私自身のことを書かせてください。

私は、あと40年なり50年遅く生まれていたら、おそらくはADHDやASDといった発達障害の診断を受けたであろう子どもでした。と言うのは、小学校1年生のときに、学校の授業がよほど面白くなかったのか、立ち歩きの常習犯でした。当時のことですから、厳しく叱られましたし、親が呼び出しを受けたりしました。

そのとき、親は「この子は頭がいいから、この学校がつまらないのだろう」と考え、私をはるかにレベルの高い学校に越境入学させました。当時の私はレベルの高いもののほうが面白く感じたようで、その学校や、そろばん塾、中学受験塾では、「過集中」状態になっていたようです。結果的に灘中学に合格しました。

ＡＤＨＤの当面の大きな問題はそれでおおむね解決しましたが、落ち着きのなさは相変わらずで、今でもひとところにいることができないようです。結果的に30代で常勤の医者をやめ、その後は教育産業の経営、文筆業、自費診療のクリニック経営、保険診療の病院でのアルバイト、大学の教員、映画監督などをかけもちでやっています。一つの場所だけにいるよりも、曜日によって勤め先が変わるほうがうまくいくのは、ＡＤＨＤ的なものが抜けていないからだと思っています。

このように小学校時代には勉強はできたものの、私にはＡＤＨＤ的なものに加えてＡＳＤ的な問題もありました。人の気持ちがまったくわからず、わが道を行くような発言を繰り返し、6回も転校したものの、どの学校でも仲間外れになり、いじめの対象となりました。

そのときに、母親が言った言葉が、今でも忘れられず私の原動力となっています。

「あんたは変わりもんやから、会社勤めはできんやろ。医者であれ、弁護士であれ、

なんか資格を取らへんと、食べていかれへんよ」

そのとき、私もそのとおりだと思いました。**変わり者に生まれた以上、変わっていても食べていくためには、勉強をしっかりやるしかないと。**

もちろん、私も精神科医ですから、「発達障害にはさまざまなパターンがあり、その個別の対応方法にまで詳しく言及するのは難しい」ことはわかっています。また、程度が重い場合には、子育ての工夫だけでは解決できないこともあるでしょうし、その場合は、専門家のアドバイスも必要だと思います。

でも、「発達障害」というものは、ある部分の発達はうまくいっていないということの総称なのでしょうが、**一方で、その子には必ず何らかの取り柄があるはずなのです。**

私の場合は、勉強が取り柄だったので、得をした部分もありますが、中学、高校時代に落ちこぼれてしまった時期もあるのです。自分が天才型でないことに気づいた私は、勉強法の工夫で低迷を乗り切りました。

勉強法を工夫すれば、一見取り柄がないように見える子でも勉強を武器にすることができるかもしれません。幸いと言っていいのかわかりませんが、最近、私の受験勉強法の本があまり売れなくなって、塾の言いなりになって勉強をする子が増えているようです。他の子が工夫をしないのなら、工夫をするだけで勝てるのかもしれないのです。

この本では、いろいろと試すヒントを書きましたので、試せるだけ試してほしいのです。発達障害の子は、定型発達の子以上に個人差があるので、うまくいくことといかないことの差が大きいでしょうが、一つでもうまくいけば、それが取り柄になるはずです。個人差が大きいのであれば、その分、親御さんがありとあらゆる情報を集め、なるべく多くのことを試すべきだと思います。この本が、そのための一助となればと願っています。

この本は、4章構成になっています。第1章では発達障害についての概要と、それに対する考え方をまとめています。すでに知識をおもちの方は、概要の部分は飛ばしていただいてもかまいません。第2章で受験勉強との向き合い方を紹介し、そして第3章で勉強法の全体的な方針を、第4章で教科別の勉強法を紹介しています。発達障害の子は人によってタイプも違いますが、さまざまなタイプを想定したメソッドを説明しています。

本書を片手に、お子さんの可能性を伸ばす冒険に出かけましょう！

発達障害の子どもが自己肯定感を高める最強の勉強法　目次

第3章

どうやって勉強を進めていけばいいの？

第4章

国語・算数・理科・社会・英語…どう学べばいいの？

第1章

発達障害の子どもに必要なのは自己肯定感！

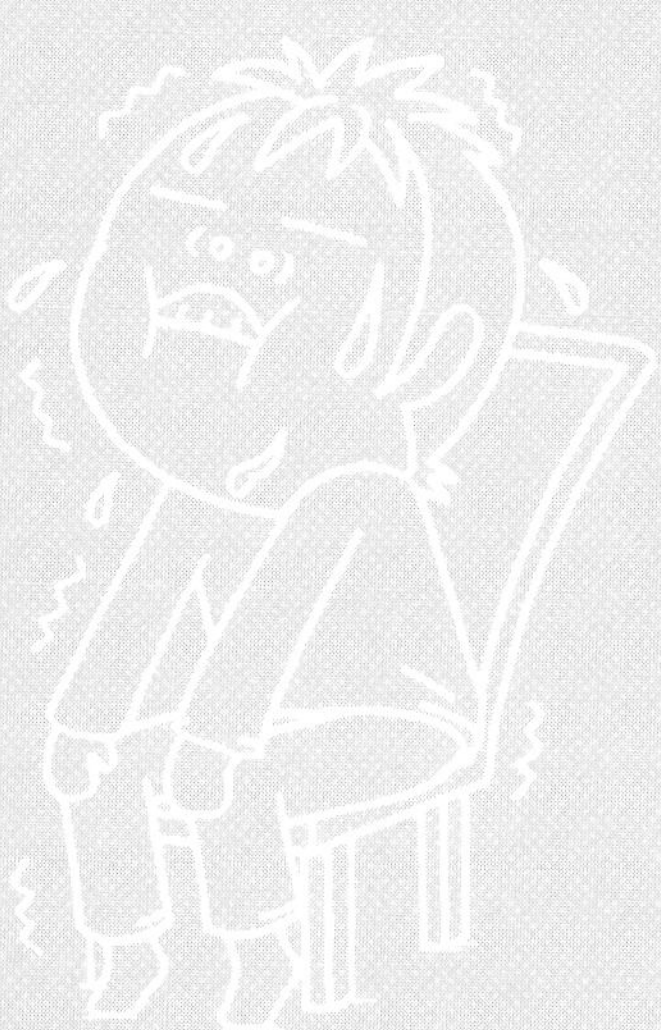

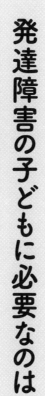

第1章のポイント

●発達障害の有無にかかわらず、人は生きていかなければならない。大人になったときに自己肯定感をしっかり持てていることが大切である。

●発達障害はおもにASD、ADHD、LDに分けて考えることができる。ただし、これらの特徴は厳密に区別することは難しく、いくつもの特徴が重複して現れることも多い。

●発達障害がある子どもの場合、苦手とすることを無理に矯正しようとしても難しいことが多い。それよりも、得意な部分を伸ばすことを考えるようにしよう。

１　「勉強」を武器にしよう

●発達障害という不安

今日、「発達障害」という言葉が一般的に認知されるようになり、「自分の子どもが発達障害なのでは？」と不安に思う親御さんが増えたように思います。また、気になって調べているうちに、親御さん自身が、じつは自分も発達障害なのではないかと思うケースも増えているようです。**発達障害への認知が広まった結果として、不安も同時に広まっている状況なのでしょう。**

子どもが発達障害かもしれないと思ったときに、まず何を心配されるでしょうか？いじめられる不安でしょうか？　それとも、ちゃんと学校の勉強についていくことができるかどうかでしょうか？　書店を見てみると、周囲との付き合い方についての本、周囲への理解の求め方についての本は多数刊行されていますが、勉強については、学校の先生に向けた指導法の本などは多数刊行されていますが、保護者の方に向けた本はなかなか見当たりません。

●武器としての「勉強」

発達障害の有無に関係なく、子どもは将来大人になります。そして、大人になったら自分の責任で生きていかねばならないのです。

大人になったときに自信をなくさないように、得意分野をしっかり伸ばして自己肯定感をもってほしい。これが、本書を通じて私が一番強調したいことです。そして、その武器として「勉強」を選ぶのであれば、本書をぜひ活用していただければと思います。きっと、勉強は強力な武器になるはずです。

2 発達障害とは何かを知ろう

●発達「障害」とは言うけれど…

勉強法について説明していく前に、まず、発達障害とはどのようなもので、どのような特徴があるのかを整理しておきましょう。「障害」という言葉がとても強いイメージを与えてしまうのですが、実際には、成長の中で、脳の働きがうまく発達できたところとそうでないところが、認知や言動にバラつきが生じてしまうことと捉えるほうが正確でしょう。そのため、実生活で苦労することも多いのですが、**「障害」と言うよりは「個性」と捉えておいたほうがいい場合も多いのです**（程度にもよりますが…）。

また一口に「発達障害」と言っても、さまざまな種類があります。さらに同じ種類の中でも程度の差もあり、他の種類と特徴が重複していることもありますので、「ＡＤＨＤ」や「ＡＳＤ」などと診断がついたとしても、あくまでも「主な傾向」として捉えるくらいがいいと思います。**一人ひとりの状態や特徴は異なりますので、お子さんをよく観察したうえで、向き合いながら子育てをしていくという姿勢が大切です。**

発達障害の有無にかかわらず、子育てでは程度の差こそあれ、子どもに手を焼くものです。またどんな子どもでも長所も短所もあります。そういうものだと割り切って、親が精一杯コミットして子どもの特質をしっかり見定めたうえで対応していけば、子どもは随分生きやすくなると思います。

では、発達障害の種類とその特徴、今回の本のテーマである学習面での課題について見ていきましょう。

●ＡＳＤとは何だろう

「ＡＳＤ（Autism Spectrum Disorder：自閉スペクトラム症）」と言われても、何のことだかわからないという方も多いかと思います。それでは、「アスペルガー障害（アスペルガー症候群）」という言葉はご存じでしょうか。こちらはご存じの方も多いのではないでしょうか。

以前、自閉性障害とアスペルガー障害は別物とみなされていました。それらを総称して「広汎性発達障害」と呼んでいましたが、２０１３年にアメリカ精神医学会が作成している診断基準『Diagnostic and Statistical Manual of Mental Disorders（ＤＳＭ）』が４版から５版に改訂され（ＤＳＭ－５）、**重い自閉性障害からアスペルガー障害までをまとめてＡＳＤと呼ぶようになりました。**自閉性障害の特徴をスペクトラム（連続体）として捉え、下位分類をなくした結果、広範な概念になりました。

ＤＳＭ－５では、発達障害と認定する症状の基準が定められていますが、さまざまな特徴について触れたうえで、診断の基準にはあいまいな部分を残しており、最終的には診断する医師の判断に委ねられています。したがって、ＡＳＤ（あるいは後述のＡＤＨＤ、ＬＤ）であるか否かの境界線は、非常にあいまいなものだと言うことができます。なお、ＡＳＤと知的障害が重複することもありますが、概念としては別物です。そのため、ＩＱの高いＡＳＤということも当然ありえます。

ＡＳＤには、簡単に言うと**「人とのコミュニケーションが苦手」「こだわりが強い、敏感または鈍感」**という特徴があります。具体的には、次のような傾向があります。

①状況や文脈を理解することが苦手

書いてあること、言われたことはわかるものの、**行間を読むことや、状況や文脈を把握することを苦手とします。**具体的には、暗黙のルールを読み取ることなどを苦手とすることが多いです。また、冗談や比喩を真に受けやすいのも特徴です。学習面に関して言うと、書かれていないことを読み取る心情読解などが苦手な傾向があるようです。そのため、**国語、特に心情読解問題などは苦戦しがちです。**

②こだわりが強い

朝は何時に起きて、朝ご飯に何を食べ、決まった通学路を通って学校に行き、決まった時間に帰宅…というような「いつもどおり」にこだわることが多いです。そのため、何かイレギュラーなことがあると混乱し、サプライズを楽しめず、変化を極端に

ASDの子どもは、変わったことにこだわることが多い

嫌う傾向があります。こうした**こだわりの強さはASDの特徴**とも言えます。

このこだわりの強さは、**膨大な知識に結びつくこともあります。**こだわる対象は歴史、地理、数字、車、電車などいろいろありますが、大人も驚くような記憶力を発揮することも多いのです。うまく勉強に結びつくと強力な武器になりますが、変わったものに興味をもったり、あまり機能的でない（別の行動をしたほうが合理的に見える）習慣にこだわったりするため、「変わった人」という印象をもたれることも多いのです。

③コミュニケーションや仲間関係が苦手

他人に関心が乏しかったり、思ったことをそのまま言ってしまって人を傷つけたりしてしまうなど、レベルの差がかなりあるものの、**人とコミュニケーションをとることを苦手とする傾向があります。**具体的には、一方的に話をしてしまって相手の話を聞くことが苦手であったり、好きなテーマを語りだすと止まらずに相手の反応を読めなかったり、頑固で柔軟な対応が苦手であったりすると言われており、通常の会話が苦手でいわゆる「ＫＹ（空気読めない）」や」「コミュ障（コミュニケーション障害）」とみなされることが多いようです。

その結果、発達の水準に対応した仲間関係を築くことが苦手で、子どもであれば同世代と会話をするよりも大人と話すほうが好きだったりします。また、他人と楽しみや興味、達成感を分かち合うことも苦手とされており、これもまたチームワークを難しくしています。

④敏感、または鈍感

感覚に偏りがあることが多く、過敏さと鈍感さとしてあらわれてしまいます。**視覚過敏**の場合は蛍光灯のちらつきが気になったり、白色度の高い紙に印刷された本を読もうとするとコントラストをきつく感じたりするようです。**聴覚過敏**の場合は人が大勢いるような場所が苦手だったり、早口の人の話を聞き取れなかったり、対面している人の話し声と周囲の環境音などいろいろな音が同じレベルで耳に入ってきてしまい混乱したりします。

●ASDの強みと弱み

このような特徴に加え、複数のことを同時に処理することが苦手です。たとえば、黒板の内容をノートに書きながら先生の話を耳で聞くということなどは苦手で、どちらかに集中する傾向があります。人の話を聞いているときは目からの情報は入りにくく、逆に本を読んでいるときなど、目からの情報を得ているときは耳からの情報が入りにくくなります。また、その状況に応じて行動するということができないなど、いわゆるTPO（時、場所、機会に応じて対応を変えること）が苦手なことが多いです。

しかし、見えないことが苦手である反面、**見えることには驚異的な能力を発揮することもあります。**見たものを写真のように覚えたり、図鑑の内容などの膨大な情報を丸覚えで記憶したりと、得意なことで素晴らしい能力を発揮することがあります。また、目からの情報であっても図や絵は理解できるが文字だと理解できなかったり、書いてあることからイメージを膨らませることが苦手だったりもします。こういう子どもは、図鑑などを好み、小説などを嫌う傾向が強いようです。

好きなことにはものすごく集中できるので、規則性、計画性、深い専門性が求められる設計士や研究者、緻密で集中力を要するＳＥやプログラマーなどの仕事が向いている傾向にあり、逆に**顧客ごとの個別対応や、計画が随時変化していく進行管理の仕事、対話中心の仕事などは苦手とすることが多いです。**さらに、うまく意を汲み取って仕事を進めることが苦手で、上司などからあいまいな指示を出されると、トラブルのもとになるケースもあります。

●ＡＤＨＤとは何だろう

次に、**ＡＤＨＤ（Attention-Deficit/Hyperactivity Disorder：注意欠陥多動性障害）**について解説します。主に「**多動性**」、「**不注意**」、「**衝動性**」といった三つの特性があります。絶えず動き回る、何度言っても同じ失敗を繰り返す、衝動的な行動をするなどの言動としてあらわれます。**このような症状が６か月以上継続して、保育所・幼稚園や学校、家庭などの２か所以上の生活場所で見られる場合、ＡＤＨＤが疑われます。**

詳しく見ていきましょう。

ADHDの子どもは、じっとしていることが苦手なことが多い

①多動性がある

　そもそも子どもは一般に動き回りますし、長い時間じっとしていることが苦手なので、ある程度は元気で活発な子どもの特徴でもあるのですが、度が過ぎて臨機応変に振る舞うことができないと、問題になってきます。ADHDの子どもには、**座っているのが苦手で授業中でも立ち歩いてしまう、話し出すと一方的に話をしてしまう**などの特徴があります。こういった点を注意しても直らない子どもも多いのですが、子どもに悪気があるわけではなく、むしろ反省しているのに自分をコントロールできないことをもどかしく思って傷ついている子も少なくないのです。

②注意が散漫

多くの子どもは、いろいろ失敗しながら何に気をつけていかなければならないかを徐々に学んでいきます。そうすることで次第に集中力や注意力が身についてくることが多いのですが、ＡＤＨＤの子どもは、**集中力が長続きせず、外部からの刺激ですぐに気がそれてしまう、あるいは忘れ物が多い、うっかりミスが多い、という傾向が改善していかないことが多い**です。

③衝動性をおさえることが苦手

「衝動性」というと、「何か突然危害を加えるのではないか」と心配になる方もいらっしゃるかと思いますが、そういうことはめったになく、**やりたいと思ったことを抑えることができない**、ということです。**知っていることを言わなければ気がすまず、指名されていないのに答えてしまうとか、順番を待つことができない**などの特徴があります。

●ADHDの強みと弱み

このように、ADHDの子どもの多くは**落ち着いてじっくりと取り組むことが苦手**です。また、**テストでうっかりミスをしてしまう、忘れ物や宿題のやり忘れなどをしてしまう**などの傾向があり、そのことを咎められているうちに勉強を嫌いになっていく、という負のスパイラルに陥りやすいのです。

しかし、気が散るということは、裏を返すと**いろいろなことに関心があるということでもあり**、知識欲が高く、博識になる可能性も存分に秘めています。私自身、ADHDの傾向があったため、落ち着きがなく、長時間集中するのが苦手でしたが、関心の幅は広いほうだと思います。医師をしながら映画監督をしたり本を書いたりしているのも、いろいろなことをやりたい性格だからです。

「衝動性」についても、うまくコントロールができれば行動力の高さにつながり、仕事に活かすことができます。そのため、自主的に動き回る営業職や、企画力・行動力が求められる企画開発、起業家などにもこのタイプの方は多いように思います。

しかし、仕事を獲得したあとの進行管理、経営計画の立案、遂行など、慎重さや忍耐力が求められる部分は不得手とすることが多く、部下に任せる、外部に委託するなど工夫をしたほうがうまくいきやすいのです。

ＡＤＨＤの人はいろいろなことに気が散ることが多く、逆にＡＳＤの人はある特定の変わったことに固執することが多く、両者は対極に位置しているようですが、**これらの特徴は重複して現れることもあります。**また、「一方的に話を続ける」という行動も、ＡＳＤの特徴である相手との双方向のコミュニケーションが苦手なことから起こることもあれば、ＡＤＨＤの特徴である多動性からくることもあり、対極のように見えて似ている部分もあります。こういったことも、発達障害を理解しにくくしている要因だと言えます。

また、ＡＤＨＤの特徴は、男の子のほうが表に出やすく、女の子は表に出にくいとされています。そのため、女の子のＡＤＨＤには周囲も気づかずに、支援が遅れてしまいがちなのです。

●ＬＤとは何だろう

次に、**ＬＤ（Learning Disability, Learning Disorder：学習障害）**について解説します。最近ではＳＬＤ（Specific Learning Disorder：限局性学習症）と呼ばれることもあります。ＬＤは、全体的な知的発達の遅れがないものの、認知能力にアンバランスな部分があり、国語や算数などの基礎能力に問題がある場合に疑われます。特に、

ちゃんと勉強しているのに、一つ以上の科目で学年相当の内容についていけないことが6か月以上継続した場合、何らかの学習障害があると考えられることが多いのです。

たとえば、**「先生の話していることが聞き取れない」「黒板の文字は読めてもノートに書き写せない」**などで苦労することがあるようです。**ＩＱを測定してみても知的な遅れはないのに、頑張っても学習の効果が上がらず、学習の得手・不得手に大きなばらつきが見られます。**

つまり、**ＬＤも「障害」というよりは「認知」の偏りであると考えておいたほうがいいと思われます。**一生懸命努力して勉強しているにもかかわらず、特定の教科が苦手で、ある教科の学習が1～2年遅れているということがあります。低学年では何とかついていけても、年齢があがるにつれてついていくことが難しくなっていくようです。

やる気がない、努力が足りない、苦手な教科を避けていると思って子どもを叱ってしまうと、その子の自尊感情は傷ついてしまいます。同じように勉強しても、その習得は人によって違うのです。

なお、ＬＤの医学的定義と教育的定義では捉え方が異なっています。医学的定義ではＬＤを「読字障害・書字障害・算数障害（計算・推論）」による困難を対象としていますが、日本の教育的定義は、それに加えて「聞く・話す」の領域が加えられていて、一般的には教育的定義の文脈で用いられることが多くなっています。少し詳しく見てみましょう。

①「聞く」ことの障害

「聞く」というのは、実はとても難しいことです。たとえば、「はな」という音を頭の中で、「花」なのか「鼻」なのかなど、文脈に応じて変換する力が求められます。これが苦手で瞬時にできないと、聞き違いをしてしまいます。また、授業中に先生の声だけでなく、風が吹いている音、人が廊下を歩く音などが気になってしまう「**聴覚過敏**」というケースもあります。

②「話す」ことの障害

人の話は聞くことができるのに、自分が話すことは苦手、というケースです。これは、物事の順序、因果関係、単語などを瞬時に整理するができないためで、**筋道を立ててまとまった文章で話すことができない**、**人にあわせた話し方ができない**、などの特徴があります。

LDのこどもは、意味のまとまりをとらえるのが苦手なこともある

③「読む」ことの障害

おしゃべりはできるのに、文字を読むことができないケースです。文字を読むということは、書かれた文字を音に置き換えることと、意味のまとまりを把握することですが、**意味のまとまりを把握するのが苦手**なのがこのパターンです。この背景には、**視覚過敏があって読むのが疲れる、脳が同時に複数のことを処理するのが苦手で、文字を追いながら意味を理解しにくい**ということがあります。

④「書く」ことの障害

「読む」ことができない子どもとは

逆に、**読んだり、話したりはできるのに、文字をうまく書けない**ケースです。脳にある文字情報を想起して手に指令を伝えて文字を書く、というプロセスのどこかに障害があると、文字を書くことが苦手になります。書けても文法に誤りがあったり、誤りがなくても単純な文章しか書けなかったりします。

⑤「計算する」ことの障害

これまでは主に国語の能力でしたが、ここからは算数の能力になります。このケースには、具体的には**①数字の位が理解できない、②繰り上がりや繰り下がりが理解できない、③九九を暗記しても計算に使えない、④暗算ができない、**などの特徴があります。

⑥「推論する」ことの障害

こちらは計算の応用ですが、見えている部分から見えない部分を想像することが苦手なケースです。**図形問題や表・グラフの読み解きなどが苦手です。**

「聞く・話す・読む・書く」は、大学入試改革で英語力として問われることになった四技能そのものであり、この部分の苦手意識とどう向き合っていくかは大きな問題です。また、**ASD、ADHDとの重複があるケースも散見されます。**不得手の部分の特徴が重なっているのです。**早めの介入で状況が改善されることも多いので、気になったら迷わずに専門家に相談するようにしましょう。**また、子どもの特徴を一面的に理解しようとするのではなく、さまざまな角度から見つめて特徴を掴むことを目指しましょう。

何が、どの程度苦手なのかも子どもによって違います。算数障害、国語障害については研究成果も蓄積されてきており、さまざまな対応法が紹介されています。**大型書店に行くと、発達障害の子ども向けの文字の書き取り練習帳や、計算練習帳などが置いてありますので、ためしにそちらに取り組んでみても効果があるかもしれません。**

とは言え、苦手教科を無理に得意にまでもっていくことはなかなか難しいこともあり、無用な劣等感を抱かせ続けるよりも、得意な教科に取り組むほうがプラスかもしれません。論理系、理解系が苦手な子どもは、それを補うように記憶系が得意であることも多いのです。幸いなことに、大学入試のハードルは全体としては以前よりも大きく下がっていますし、大学によっては苦手科目が課されず、得意科目だけで勝負することもできますので、**できることと苦手なことをしっかりと見極め、長所を伸ばし**

ていきましょう。

3　発達障害だからこそ、子どもの才能を信じよう！

●エジソンのお母さんから学ぼう

発達障害の子どもの子育てについて説明するとき、私はまず、エジソンのお母さんについての話をするようにしています。世界の発明王として名高い**トーマス・エジソンにも、発達障害があった**と言われています。19世紀半ば、エジソンは会社を経営する父と元教師の母のもとに生まれました。興味がコロコロ変わり、集中力が長続きせず、そうかと思うと驚異的な集中力を見せていたようで、今ではおそらくＡＤＨＤタイプだったのだろうと考えられています。

小学校に入ると、教師が粘土を使って「１＋１＝２」を解説しようとしたところ、

「一つと一つの粘土をあわせると一つの粘土になってしまうのでは？」と質問するなど、ことあるごとに「なぜ」を繰り返して先生を困らせてしまいます。トラブル続きだったエジソンは、わずか3か月で小学校を中退することになってしまいました。

しかし、その後も**母親は息子の才能を信じて、自分で教育を続けました**。本を読み聞かせて、さまざまなことを教えていたようです。エジソンの集中力は長続きせず、すぐに立ち上がって歩き回ってしまったそうですが、その短い集中時間を使って読み聞かせ、歩き回っていたエジソンが戻ってきたらまた読み聞かせを再開したそうです。**その結果、エジソンを世界の発明王と言われるまでの人物に育て上げることができた**のです。

●欠点を才能で補うということ

エジソンは生涯、自分で本を読むことができなかったという話を聞いたことがあります。そのため、新しい情報を仕入れるために秘書に本の読み聞かせをさせていたのだそうです。視覚情報よりも聴覚情報のほうが優位だったということなのでしょうが、**苦手なことがあっても、それを補う手段をわかっていた**ということなのでしょう。

エジソンの人格には難があったようで、人のアイデアを横取りしたり、約束を平気で破ったりしたため敵も多かったようです。それでも、世界の発明王として優れた業績を数多く残すことができたという事実に着目すべきでしょう。欠点があっても、それを補って余りある才覚であったと言えるのです。

●「天才」とは何だろう

エジソン以外にも、「天才」とされる人の中には発達障害だったと言われている人が多数います。アインシュタインや坂本龍馬などもそうだったのではないかとされていて、「発達障害の人物こそが世の中を変える力がある」と言われることさえあります。読むに値する「おすすめの本」を紹介することで知られるＨＯＮＺの代表で、元マイクロソフト日本法人社長の成毛眞氏も、著書の『発達障害は最強の武器である』（ＳＢクリエイティブ、２０１８年）の中でそう主張しています。発達障害とされる人たちの中には、常識に囚われずに、自分を信じて興味や関心をとことんまで突き詰めることができる人たちが多くいるのです。

なお、自分に自信をもつことは重要なことですが、一方で、エジソンがものすごく努力をしたということは忘れてはなりません。彼自身の言葉としてたびたび引用される**「天才とは1％のひらめきと99％の努力」**という言葉の意味を、今、改めて考えてみたいところです。

子どもに自分を天才だと思わせることは大切なことであり、そう思うことの幸せを奪う権利は、誰にもありません。しかし、「自分が天才だ」と思うためには「根拠」が必要です。私はそれは「成功体験」だと考えています。

成功体験は学歴であったり、スポーツであったり、難関資格であったり、仕事の成果であったり、役に立つことであれば何でもいいのですが、自らの努力によって勝ち取らせる必要があります。そして、今日の社会においては、「報われる努力」という観点では、勉強ほどコストパフォーマンスのいいものはありません。野球の練習に打ち込んで甲子園に出てプロ野球選手になって食べていくことより、東大に入ることのほうが競争率ははるかに低いのです。

幸い、**発達障害で認知の仕方にバラつきがあったとしても、やり方次第で得意教科を伸ばすことができます。**ぜひ子どもの強みを伸ばすことに寄り添っていきましょう。

●才能を見つける努力をしよう

日本人は才能を見つけるのが下手だと思います。それでも昔と違うのは、小さい頃からいろいろなことに挑む人が増えたことではないでしょうか。早くから活躍するアスリートが増えたのも、小さい頃からいろいろなことをやらせてみて、その中でその子が特に輝く競技を見つけたからだと思います。その結果として、才能と出会うのです。

残念ながら、「天賦の才をつくる」ことはできません。でも、「天賦の才を見つける」ことはできます。習い事でも何でもいろいろ試してみると、何かしら輝くものが見つかるでしょう。天才レベルでなくても喜んでやるものが見つかるはずです。それを見つけてあげるのが親の務めだと思います。

ただし、いろいろなことに挑戦させるのはいいのですが、**「挑戦させること」**と、**「できなければならないこと」は別物です。**何でもかんでも「できなければいけない」と思ってしまって、できないことも無理にやらせようとしてしまうと、得意分野を磨くべき時間が奪われてしまいますし、できないことで自尊心も傷つけられます。そうすると、天才が天才にならないのです。

●「勉強だけ」で何が悪い！

以前、「発達障害」という概念が十分に認知されていない頃は、成績がよくてもどこか変わっている人は**「あいつは『勉強だけ』はできるが、人間としてはダメだ」**などと言われたりしていました。そういうこともあり、変わり者と言われる子どもの親御さんは、私の親のように開き直って子どもを勉強に突き進ませるタイプと、変わったところを矯正しようとすることに注力して、勉強を頑張らせるよりも性格をよくしようとするタイプに大きく分かれていたように思います。

しかし、後者のケースでそれで性格がよくなるかというと、残念ながら徒労に終わることが多いように思います。苦労して性格を変えようとしても、発達障害の子どもの場合、たとえば突発的に発言したくなってしまうのをおさえようとするのも相当な負荷がかかりますし、おさえきれずにかえって自己嫌悪に陥ってしまうかもしれません。

発達障害がある場合、努力では行動を制御できない部分があり、子どもの性格を変えようとすると必要以上に負荷をかけてしまい、かえって自己肯定感を損なうことが多いのではないでしょうか。そして勉強も嫌いになってしまっては、一体子どもは何を拠り所にすればいいのかわからなくなってしまいます。

もとより、コミュニケーションが苦手な傾向にあることは否めないので、**「性格がよくて、皆から好かれる子」を目指すのではなく、能力を突き抜けさせる方向でモチベートするほうが、結果的に心にもゆとりができて、周囲にも優しくできる**のではないでしょうか。**勉強にすぐれた能力がある場合、「勉強ができても性格が悪い」を恐****れる必要はない**のです。

●勉強は世界の常識

そもそも、**「子どもは勉強なんてできなくてもいいから、やさしくなってほしい」などと親が言っているのは昨今日本くらいのもの**だと思います。勉強しないと将来食べていけなくなる、残念ながらこれは世界の常識です。日本でも明治の初めに福澤諭吉が『学問のすすめ』で、人間は本来平等のはずなのに格差があるのは、学問の差によるものだと書いています。

人口減少時代、日本語を話す人数はどんどん減っていきます。生活水準を維持しようと思ったら、資格をとって専門家になるか、世界を相手に仕事をするしかありません。そのためには、勉強するしかないのです。

●弱者に冷たい社会

発達障害の子どもへのサポート体制や制度なども、以前より整備が進んできました。また、発達障害者支援センターなどの整備は進んでおり、発達障害の人が就職する際にも障害者枠や大企業の特例子会社などのように門戸が広がりつつありますが、特例子会社は数が少ないこともあって入社がたやすいわけではなく、また給与も低くなりがちという現実があります。

障害者の枠組みで勤務できるところを探すのか、または自身の特性を何とか制御して健常者として働くのか、才能があると信じて得意な部分を活かせる会社に挑むのか…。一体、どれが最善の選択肢なのでしょう。究極的には子どもの特性次第でしょうが、定型発達の人よりも職業選択が難しいことは否めません。

日本の冷たいところは、子どもには甘いのに、大人になった途端にすべて自己責任だと突き放すところだと思います。大人を突き放すのであれば、大人になる前にしっかり世界で渡り合っていけるように高い学力を身につけさせるべきはずなのに、長く国は「ゆとり教育」のような教育を行い、また、子どもの競争意欲を削ぐことばかりに注力してきました。

発達障害の子どもも利用できるサービスが増えたとはいえ、もち味の才能を伸ばすことへのフォローはまだ不十分のように思います。しかも、**大人になってからのサービスはまだまだ不十分（どころかほとんどない）**なのです。発達障害の子どもの特性は、うまく伸ばせば才能に繋がるはずなのに、です。自分の才能で勝負したいと願う子どもが、存分に能力を発揮できる世の中にしていくための支援が必要なのではないでしょうか。

4 子どもの自己肯定感を育てよう！

●自己肯定感をしっかりもたせよう

ともあれ親御さんとしては、そうした大きな問題の前に、まずは目の前の自分の子どもを何とかしたい、と思われることと思います。「対人関係がうまくできない」「友人と遊ばない」「コミュニケーション能力が低い」ということで潰されてしまっては困る、自分の子どもには勉強もスポーツもよくできて誰からも好かれる人物に育ってほしいという欲が出てくるものです。

そのお気持ちもよくわかるのですが、コミュニケーションが苦手な子どもに無理に改善を強いると逆効果かもしれません。**よく言えば個性的、悪く言うと空気が読めない「ＫＹ」になりがちな子どもに「空気を読め」と言ったところで無理があります。**

その読み方がわからないから発達障害なのです。そのため、かえって自信を失わせることになりかねません。

それならばむしろ、**「人と違う自分は天才だ」と思ったほうが将来うまくいく可能性は高まっていくので、子どもが自己肯定感をしっかりもてるようにサポートしましょう。**「天才は孤独だから、今は理解されなくてもいずれ理解される時期がやってくる」など、まずは根拠がなくとも励まし続けることが大切です。そして、ここが肝ですが、**根拠（＝自分が天才だと思えるもの）を作ってしまうことがもっと大事です。**得意教科でもいいですし、将来に繋がりそうな趣味でもいい。これができると得、というものを何か、一緒に見つけてあげてください。

●子どもが自信過剰なのは悪いこと？

こういうことを書くと、自信過剰のまま育ってしまい、社会に出て鼻っ柱を折られて挫折するのではないか、と思われる方も多いと思います。成績がよくなると、子どもには大きな自信となって、ときには自信過剰になるかもしれません。しかし、それでも、問題はないと思います。**私は子ども時代の自信過剰は、むしろ自然なことだし望ましいと思っています。**力の強い子がそのことを自慢するのと同じではないでしょ

自身過剰なくらいでちょうどいい

うか。

そもそも、自信過剰であったり、負けん気が強かったりするのは本当に悪いことでしょうか。何かあったらすぐに自信をなくしてへこたれてしまうようでは、負け癖がついてしまいます。何が何でも勝つのだという強い気持ちが、この先に待ち受けているさまざまな困難を乗り越える原動力になるのです。

●子どもはわがままのかたまり

「格差社会」、「競争社会」と言われる世の中では、負けん気が強いほうが活躍の機会に恵まれます。小学校の内部で形成されている社会と大人になってからの社会では、本質的に向いている方向が違うのです。勉強が得意な子に対しては、「あいつはうぬぼれている」と思う向きがあるかもしれません。一方で、勉強が得意な子であれば、勉強で人に勝ちたいという欲求をもちますので、勉強ができない人間をバカにしたり、悪口を言ったりすることもあるかもしれません。

しかし、それは幼少期の子どもの特性であって、勉強のせいではありません。かけっこや喧嘩で人に勝ちたいのと同じです。大体、子どもというのはわがままのかたまりのようなものです。ほぼ、自分のことしか考えていないと言っていいでしょう。それは勉強ができる子も、そうでない子も一緒なのです。子どもは未成熟な存在であり、当たり前なのではないでしょうか。

精神科医で心理学者のアドラーも言っているように、**人間は優越性を求める生き物なので、自分ができると思いたいし、その確認のために人よりできるとアピールしたいのも自然なことなのです。**

●親は最後まで子どもの味方であれ！

しかし、自分の子どもに対して「皆のヒーローになってほしい」とまでは言わなくても、「せめて周囲から嫌われないように育てたい」、「いじめの対象にはならないでほしい」、と願っている読者の方も多くいらっしゃるかと思います。

たとえばお金を巻き上げられたり、怪我をさせられたりするなどは、それはもはや犯罪です。そのようなことがあった場合にはそれは決して容認すべきでなく、問答無用で警察に訴えるべきです。そして、こういうことは犯罪なので決してしてはいけないと子どもに教えましょう。

それほどではないにしても、我が子が仲間外れになってしまって居心地が悪い思いをしている場合などは、むしろ「仲間外れの何が悪い！」と言い聞かせてみてはいかがでしょう。先程の天才の話ではありませんが、理解されないのだから仕方がない、いじめられるのは恥ではなく、お前の才能にいじめる子が嫉妬しているからなのだ、と説くのです。**間違っても「お前にも悪いところがある」などと言ってはいけません。親は子どもの絶対的な理解者であるべきです。何があっても子どもの味方であるべきです。**

日本では、子どもが犯罪を冒したとき、親が「世間に対して申し訳ない」というようなことを言ったりします。しかし、欧米では、「子どもは悪くない、私は子どものことを信じている」という姿勢を示すことが多いように思います。世界のすべてが敵になったとしても、親は最後まで子どもの味方だという態度なのです。

●コミュニティは学校だけではない

しかし、味方が親だけしかいないとなると、子どもが寂しく思うということもあるかもしれません。承認してくれる人は親以外にも、多少はいたほうが心の安息も保てるでしょう。たとえば、塾でも習い事でも結構ですので、学校以外のコミュニティを子どもにもたせてあげるのもいいと思います。

所属するコミュニティによって周囲の評価が大きく変わることを知ると、一つの居場所での評価が絶対ではないということを知ることができ、そのことが自己肯定感を高めます。「学校に行くのは辛いけど、塾に行くのは好き」、という子どもがいるのは、こうした理由によるものです（これで成績が上がるとなお塾が好きになります）。

ネットいじめなどの深刻な問題に直面した当事者にとっては切実な問題ですが、その場所がすべてじゃないよ、あなたにはもっと輝ける場所がある、才能があるんだよと励ますことが大切です。コミュニティが変わるとパフォーマンスが変わることは、以前からよく言われていることですので、子どもが興味をもちそうな（できれば受験にも役立ちそうな）習い事をさせてみて、好きになりそうかどうか、試してみましょう。

●いじめを解決しようとするより、逃げるほうが賢明なケースもある

学校などあるコミュニティでいじめの対象になってしまった場合、いじめを解決しようとする発想は、残念ながらあまり賢明とは言えないと思います。しかし、それでは救いがないではないか、と思われるかもしれません。

私自身もいじめを受けた経験があり、解決できるのであればそれが一番だとは思っています。先生が気づいている場合など、何とか解決できる方法はないかと考えることも多いのですが、子どもたちは大人が自分たちの人間関係に介入するのを嫌がります。残念ですが、「いじめは駄目だからやめようね」と言っても、やめることができないのが子どもなのです。

ただ、クラス内のいじめであれば、学年が上がればクラスは変わりますし、卒業すれば一から新しい友達をつくることができます。そう考えたほうが、子どもにとっても気が楽なのではないでしょうか。あるいは、しばらくクラス替えもない、小さな学校なので他のクラスもないなど、**どうしてもお子さんが耐えられない場合は、転校という選択肢もあると思います。**私も、小学校は何度も転校しました。自尊心を損なってまで特定のコミュニティにしがみつく必要はないのです。逃げることは「負け」で

はありません。戦略なのです。最後に勝てばいいのです。

●「引きこもり」になるのでは…？

また、「いじめ」の問題と向き合う親御さんにとっては、子どもが「引きこもり」になってしまうのではと心配される方も多いと思います。

基本的には多少嫌がっても学校には行かせた方がよいでしょう。その理由は、**規則的な生活リズムを大切にしたほうが、勉強も進むし、健康的だからです。**ずっと家にいると、動くのがおっくうになり、自室に引きこもってしまう確率も高くなります。学校に行っていれば、生活のリズムは整いますし、親御さんにとっても日中の負担は減ります。ただ、学校に行くことで本当に自尊心を著しく損なうのであれば、転校する、あるいはエジソンがそうであったように、無理をして行かせなくてもいいと思います。

あとで詳しく書きますが、入試で内申書を評価対象としない高校も増えてきていますし、また以前は「全日制に行けない子どもが行くところ」という印象が強かった定時制や通信制の高校も、自分のペースで勉強したい生徒の支援や特別な支援を必要とする生徒のフォローなど、かつてとは違った側面をもつようになってきました。

社会の教育に対するニーズは変わってきているので、その流れをうまく使うという手もあります。東京大学大学院の柳川範之教授のように、大検（大学入学資格検定‥現在の高等学校卒業程度認定試験）から慶應義塾大学の通信教育課程を経て研究者になるという道もあります。柳川教授などの独学本がベストセラーになるように、**自分を律して勉強する「独学」はブームであり、独学できるということはアピールできるポイントにさえなりえます。**

●本当にダメなことは叱るべき！

ここまで見てきたように、発達障害がある子どもは、人間関係で悩むことが多いと言われています。周囲から嫌われてしまった結果、自己肯定感が低下して、何をやってもダメだと思ってしまい、さらには勉強のやる気もなくなってしまうのが、本人にとって一番もったいない、損なことです。

たとえ、「あいつは勉強しかできない」「人間としてはダメだ、大学までうまくいけても就職で苦労する」などと陰口を叩かれようが、子どものやる気を奮い立たせ、前を向いて進ませることが何よりも大切です。繰り返しますが、**親は最後まで子どもの味方でなければなりません。**子どもが生きる希望を失い、死んだほうが楽だと思ってしまわないよう、子どもの辛さ、もどかしさ、切なさを親がしっかり受け止めてあげましょう。

ただし、子どもが悪いことをしてしまったときには、それをダメだとしかるのは必要なことです。たとえば、スーパーで万引きをしてしまうとか、人に怪我をさせてしまうとか、そういったことは犯罪に属する行為です。**子どもを犯罪者にさせないためにも、ダメなことはダメだとしっかり言い聞かせるべきでしょう。**叱る基準は、法に触れるか否か、です。

たとえば「人が傷つくことを言っちゃだめだよ」と言ったとしても、発達障害がある子どもには、そもそも「どういうことが人の心を傷つけるのか」が理解できない場合も多いのです。考え込みすぎてしまい、「何か言ったら人を傷つけてしまうかも」と思って何も言えなくなってしまってはもったいないないと思います。はっきりと伝えるべきなのは、「これをすると犯罪になる」ということなのです。

発達障害があったとしても裁判では、犯罪をおかした場合は完全責任能力を認められる（減刑されない）ことがほとんどです。何をしたら犯罪になってしまうのか、ニュースなどを題材にしてしっかり話すようにしましょう。

●いじめっ子になる場合もある

なお、発達障害の子どもはいじめられっ子になるという印象を強くもたれる方も多いと思いますが、**ときにはいじめっ子になるタイプもいます。**「人の気持ちがわかりにくい」という特徴は、いじめられっ子にもいじめっ子にも繋がるものだということです。「こういうことを言われたら傷つくだろうな」ということがわからないため、つい言い過ぎてしまうのです。

誰しも、自分の子どもがいじめに加担しているとは思いたくないでしょう。しかし、日常的な会話の中で、特定の誰かのことをあまりにも貶めている様子があれば、もしかしたらいじめに加担しているかもしれません。そういうときも、「犯罪」となる線をしっかり伝えておきましょう。

●親がつぶれないために気をつけることは？

ここまで、親御さんが頑張るポイントや心構えなどをお伝えしてきました。ただ、この本を手にとって下さった親御さんの多くは、既に頑張っておられるか、頑張るつもりでいらっしゃるのだと思います。そのため、つい頑張りすぎて息切れしてしまう方もいらっしゃるかもしれません。

できることをとことんやらせようとすると、**次第に親が指導できる範囲を超えてきます。そうなったら、親の役割は一旦終了です。**その分野の指導に長けた、いい先生を探しましょう。人に任せることができるものは人に任せ、ご自身の負担を減らすようにしましょう。

また、**親御さんがつぶれてしまう一番大きな理由は、子どもが本来できないことをできるようにしようと焦ることです。**精一杯やらせているのになかなか結果がでなくて、「こんなにやっているのになぜこの子はわかってくれないんだろう、私の教え方が悪いのだろうか…」と焦ってしまう。**できないことを無理にやらせることは、子どもの否定であると同時に、親自身の自己否定にも繋がるのです。**無理なものは無理と、ときには諦めれば気持ちがぐっと楽になります。

●「教育虐待」にならないために

また、昨今、「教育虐待」が話題になっています。子どもの意に反して勉強を強制したり、できないと人格を否定してしまったり…というようなことです。**発達障害がある子どもに苦手なことやできないことを無理にやらせようとしても、定型発達の子どもに比べると思うようにはできないことが多く、その結果、子どもの自己肯定感は**

どんどん損なわれてしまいます。これはある種の「教育虐待」とさえ言えることです。

一方、できること、好きなことを存分にやらせて、伸ばすことはどうでしょう。歴史の本を読むのが好きな子に、歴史の本を何冊与えても大丈夫なことを考えればわかりますが、こちらは教育虐待にはなりません。たとえば箸を使うのが苦手なのに小学校受験に備えて箸をつかって豆の移動を何度も練習させるとか、人と仲良くするのが苦手なのに無理に他の子どもたちと仲良くさせようとするといったことを押しつけることで、子どもの心が傷ついたときには、それは「虐待」になってしまいます。

親御さんとお子さんが共倒れにならないように、戦えるフィールドを見つけ、そこで勝負すればいいのです。

昨今、発達障害への理解も広まってきたので、落ち着きがないことを叱るケースは減ったように思いますが、苦手科目があることについては叱る親御さんは依然として多いように思います。「せめて勉強だけは…」というお気持ちもわかりますが、勉強の中でも得意不得意があることはやむをえません。そこは割り切って、得意科目の勉強をさせましょう。


以上、発達障害の概要と、子育てについての基本的な考え方を説明してきました。

「障害」と名がつく以上、不得手なものに関しては、通常想定されるレベルの不得意よりもかなり苦手とすることもあり、それは仕方がないと割り切ってできることに目を向けたほうがよいということをご理解いただけたかと思います。逆にその「できること」の中には人に大きく差をつけられる可能性を秘めているものがあるのが発達障害の特徴なのです。

次の章では、受験勉強についてどう考えていくかを説明していきます。

第2章

受験勉強とどうつきあっていけばいいの？

第2章のポイント

●今後も学歴社会は続いていくので、発達障害があるからこそ、子どもに学歴を獲得させたい。

●発達障害がある子どもには、小学校受験はあまり向いていないことが多く、中学受験や高校入試では不利になることもあるが、大学入試では挽回が十分可能であることが多い。

●大学入試改革があっても、旧来の入試は残るので、得点を獲得して合格を狙おう。

●いろいろ気になるところはあっても、まずは伸びるところを伸ばすことを意識しよう。

1 発達障害の子どもにこそ学歴を！

●学歴社会は死なず

これだけ学歴の信憑性が疑われる時代になっているにもかかわらず、日本は相変わらずの学歴社会です。それも、海外でよく見られるような大学院卒や博士の学位をもっているかどうかということではなく、「どの大学を出たかが重要」という学歴観（正確には「学校歴」と言います）が強く残っています。それは、**裏を返せば有名大学に入ってさえおけば、多少のハンディならば挽回できるということです。**大学院修了までに巨額の学費が必要なアメリカの学歴社会に比べると、かわいいものです。

そういうことを言うと、「どこの大学を出たかではない、人格が優れていることのほうが大切だ」という声が聞こえてきそうです。それでは、その「人格が優れている」とはどういうことなのか、明確に答えることができる人はどれだけいるのでしょうか。答えるのが難しいからこそ、わかりやすい学歴が重要視されるのです。

そもそも、学歴が重要視されるようになったきっかけを辿ってみると、もとは江戸時代の身分制度に替わるものとして、学歴が尊重されるようになってきたということがあります。新しい国家をつくるにあたって、人材育成の仕組みを整えて、試験で優秀な人を採用するようにしたのです。身分制度よりはるかに公平に感じるのは、私だけでしょうか。

●「コミュ障」にこそ強みを！

「そんなことを言っても有名大学の学生であっても就職活動で苦戦している人は多い。では、彼ら彼女らはコミュニケーション能力に問題があるのか」と疑問に思われる方も多いかもしれません。

確かに、就職活動では長く「コミュニケーシコン能力」が大事だと言われ続けてきました。そうしたこともあって、**有名大学に在籍しているにもかかわらず就職活動に苦戦する学生さんたちは、自分たちのことを「コミュ障（コミュニケーション障害）」だと思い、もしかしたら自分は発達障害なのではないかと悩んでしまったり、あるいは、自分の価値を社会から否定されたように思ってしまうことがあります。**数多くの内定を獲得する同級生を目の当たりにすると、自分と比較してしまって気持ちも暗くなってくるのでしょう。

ですが、それではそういう学生さんたちは、有名大学に進まないほうがよかったのでしょうか。厳しい言い方になりますが、就職活動で苦戦している学生さんは、今何ができるか、何をすべきか考えて行動するしかないと思います。

就職活動では、多くの人が自分のコミュニケーション能力をアピールします（そもそもコミュニケーションとは何なのかを考えたかどうかは別にして）。と言うことは、**コミュニケーション能力ではライバルと差をつけることが難しい、ということなのです。そうであるならば、別の得意分野をアピールしたほうが賢明ではないでしょうか。**

有名大学を目指す過程で得られる能力は何か、それを大学時代にどう活かすか、大学卒業後はどうしていきたいか、早い段階から考えて見ましょう。すると、自分の強みが見えてくるはずです。そうなれば、コミュ障であっても、大丈夫です。

●「武器」としての学歴

発達障害の子の性格についても、多少のトゲがあったとしても年を重ねるにつれてだんだんと丸くなっていきますし、周囲との軋轢も減らすことができるようになります。私自身、昔は勉強ができるということを鼻にかけていて、傍から見ると嫌な奴だったと思います。しかし、精神科医を長年やっていていろいろな人の気持ちについて考えることが多くなったこともあり、次第に敵は作らないようになってきたと思います。多かれ少なかれ、年をとると丸くなるのです。

発達障害だからといって、苦手なことがまったく伸びないわけではなく、あくまでも発達にバラつきがあるということですので、長い時間をかけて伸びていくことは十分に考えられます。**要は、幼児期・少年期を乗り切ることが発達障害の子どもにとって何よりも大切なのです。**そう考えると、その時期を乗り切るための「武器」をいかにして獲得するかが重要です。

たとえば最近、有名企業が特別な能力をもつ学生を対象に、高額の初任給で迎える方針を打ち出してきたことが話題になっています。性格はさて置き、これらに役立つスキルを大学生のうちに磨いておくのも手です。そして、そういうスキルを獲得しようというモチベーションは、有名大学の学生のほうが高いことは想像に難くありません（逆に、それほど難易度が高くなくても、こういった資格取得の支援に熱心な大学は、お得かもしれませんが、今は多くの大学が資格取得支援を売りにしているので、実情は評判などを聞いてみないとわかりにくいところです）。

ネットの時代になって、従来よりも楽に企業にエントリーできるようになった結果、逆に以前よりも学歴が重視されるようになったことは人材業界では常識ですし、同窓会の強い大学、たとえば慶應義塾大学や一橋大学の学生などは、ＳＮＳを活用してＯＢ・ＯＧ訪問をするようになるなど、結びつきはより強固になりつつあります。

結局、**学歴は今後ますます強い武器になると考えられるのです。**

2 小・中・高の受験をどう考えたらいい？

●いわゆる「お受験」は不要！

ところで、「公立だといじめられるかもしれないから、小学校受験をさせて私立に行かせたほうがいいかも」という声をよく聞きます。特にこの本を読んでくださっている親御さんは、子どもの教育に熱心だと思いますので、小学校受験、いわゆる「お受験」に関心の高い方が多いかもしれません。

お住まいの地域にどのような学校があるかによっても異なるので一概には言えませんが、一般論として、いわゆる「お受験」は発達障害がある子どもにとっては、不利だと思います。もっと言うと、**小学校受験は不要**ではないかというのが正直なところ

「お受験」は不要！

です。そもそも私立小学校入試とは、いわゆる「学力」による選抜ではなく、適性検査としての性質が強いものです。つまり、親と子どもがその学校に合うと先生が判断すれば入学できます。そのため、仮に「お受験」に挑んで失敗してしまっても、学力などの能力が劣っているわけではありません。

しかし、しなくてもいい挫折をしてしまうことで、子どもが不要な劣等感を抱くことに繋がりかねません。現実問題として、その学校の先生からは適性を認められなかったのですから。親は大人なので単に学校との相性が悪かったと思えばいいのですが、果たして子どもはそう思えるでしょうか。

しなくてもいい失敗をさせるよりは、公立小学校に進めてしまうほうがいいかもしれません。公立小学校には通級指導教室などの制度があり、自治体の教育センターに相談すると、いろいろなサポートを提供してもらえることも多いのです。

大学に付属している小学校に入学するために幼稚園のころから専門の教育を受け、受験させて無事入学させることができれば、そのまま付属の中学、高校と進学して、エスカレーター式に大学まで入ることができます。しかし、**私立の小学校には独自の教育理念をもつところが多く、独特の校風と子どもが本当に合うのか、入ってみなければわかりません。特に発達障害の子どもは合わないリスクが大きいと思います**（一方で、積極的に発達障害の子どもを受け入れている私立小学校もあります）。

●どの段階で進路を決めたらいい？

もちろん、どの学校に入るにしても苦労はつき物で、子どもはそうした苦労を乗り越えて成長していくものだという考え方もあるでしょう。後々いい思い出になるのかもしれませんが、発達障害が疑われる場合はどうでしょう。「お受験」をさせようとする親御さんとしては、子どもに後々の中学・高校・大学への受験の苦労をさせないために早めに進路を決めてしまいたいというお考えがあることと思いますが、子どもにとってはどちらの苦労がより辛いのでしょうか。

昨今言われているように、大学入学の方法は多様化しており、18歳人口の減少も相まって以前ほど競争は過酷ではありません（23区内の私立大学の定員抑制などの影響で、一部の難関大学の難易度は上がっているのですが）。

小学校入学の段階で将来の進路を決めてしまうよりも、大学受験で圧倒的に優位に立てるように早めに手を打っておいたほうが、長い目で見るとプラスになる可能性もあります。発達障害がある子どもには、いわゆる「お受験」は不要だというのが私の考えです。

●中学受験をとりまく現状

それでは、中学受験はどうでしょうか。大学入試改革や23区内の私立大学の定員抑制などの影響から、都市部における昨今の中学受験熱は非常に高まっており、親世代の頃は高校入試で公立高校の滑り止めと認識されていたような学校が中学入試では超難問を出してくるということも話題になっています。また、首都圏では日比谷高校や横浜翠嵐高校など、トップの公立高校の難易度が高まってきたため、併願先であった私立の中高一貫校は高校で優秀な生徒を集めることができず、募集を取りやめるところが増えてきています。さらに、東京の公立中高一貫校も高校募集を順次中止していくようです。

したがって、**首都圏の高校入試では難関校への進学機会があまり残されておらず、そのことがまた中学受験を加熱させているのです。**小学校3年生の終わりから中学受験塾に行かせることが難関校受験では主流になっており、そのための準備まで含めると相当前から勉強をしなければならないのが実情です。つまり、かなり早い時点で勉強することに対して抵抗がないことが望まれます。

●中学受験に向く子ども、向かない子ども

残念ながら中学受験には向く子もいれば、向かない子もいます。中学受験の算数は、抽象思考の能力が高い子が有利で、残念ながらこうしたセンスに乏しい子もいます。ＬＤの子どもで、読み書きに困難がある場合も難しいかもしれません。また、図形で難問が出やすいことも中学入試の特徴ですので、空間把握能力も求められます。

逆に、発達障害がある子どもは得意不得意の差が大きいことが多いことから、得意分野が活きることもあります。特に算数が圧倒的に得意であれば、成功する可能性は高くなります。そうして学歴を獲得して、社会で活躍している方は多いのです。私自

身は中学受験の勉強を始める前にそろばんを習っていたので、暗算能力で圧倒的に有利でした。

しかし、**勉強をしてみて、どうしても中学受験が合わないと思ったら、高校受験で再チャレンジするのもいいかもしれません。**その場合、第3章で詳しく書きますが、先取り学習を始めてみるのがいいと思います。特に、英語の先取りは大分有利に働くと思います。

国語については、小説の心情読解が苦手だとやや不利かもしれません。実は私も苦手でしたが、新聞をよく読んでいたので論説文は得意だったのと、漢字はたくさん覚えていたので何とか挽回することができました。とは言え、これは40年以上前の中学受験の話であり、中学受験が過熱している今日にあっては、それだけでは不利なことは否めません。そうではあるのですが、後述の勉強法でも紹介するように、中学受験の問題集は、とても役に立ちます。**特に国語では、いわゆる「読書家」であることと「国語で高得点を稼ぐことができる」ことは別物です。得点力を高めるには、問題の解き方のコツを身につけておく必要があります。**これは高校入試でも役立ちますので、お勧めの勉強法です。

●特定の科目で勝負するという選択

　また、最近では英語を含めた２教科入試や、算数１教科の入試もあります。難関校でこういう１教科入試を実施すると、その教科のレベルが非常に高い子どもなど、**コツコツ満遍なく受験勉強を重ねてきたタイプとは違う能力をもつ生徒が集まる可能性があります。**こういうところに挑むのは面白いかもしれませんが、中堅以下の学校では、勉強を遅く始めた子どもを集めようとしているところもあり、受験する側も滑り込んだという意識のせいか、学校に諦めモードが漂っていることもあります。事前にわかればいいですが、それも難しいと思いますので、入ったあとに周りに流されないように気をつけねばならないでしょう。

●もし中学受験に失敗したら？

　中学受験にチャレンジして失敗してどこも受からなかったとき、もう勉強に見込みがないと勉強を諦めてしまうケースも多く見られます。こういうときに、親がどう子どもを励ますことができるかが大切です。中学受験の失敗を引きずるなんて、もったいないだけでなく不幸です。親が子どもに「自分は頭が悪い」と思わせてしまっては、いいことなど一つもありません。**発達障害の子どもの場合、特に自尊感情は大切にす**

べきです。

現実問題として、中学入試で求められる学力は、小学校の教科書のレベルをはるかに超えています。そこに挑み、勉強を続けたことをまず褒めるのがいいでしょう。その後の入試でも勉強の蓄積が活きてくるはずです。

また、就職試験でよく用いられるSPIは、中学入試でよく出題されるような問題を集めており、この処理速度を問われるため、中学受験経験者は、就職活動の筆記試験でも圧倒的に優位に立つことができます。このように、中学受験で身につける学力は、後々とても役に立ちます。この点については第3章で詳しく解説します。

●高まる「内申書」への不安

高校入試を避けようとする理由として多く挙げられるのが、内申書の評価が気になる、ということです。すべての教科には「観点別評価」がついてきます。「関心・意欲・態度」などが評価の対象となるということですが、これはつまり、授業中に積極的に挙手したか、宿題をしっかりやってきたか、ノートを適切にとっているか、ということで評価するということです。

ＡＤＨＤの子どもの特徴で、「話を聞いていないように見える」ということがあり

内申書では不利益も

ますが、「見える」だけであって、実際には聞いていることもあります。**それでも、話を聞いていないように見えてしまうことで、この観点別評価では、不利益を蒙ってしまう可能性があるということです。**

そのため、学校の先生との関係作りも大切です。定型発達の子どもが授業中に内職をしていたりすると印象は悪くなるかもしれませんが、発達障害があることを学校と共有している場合、多少変わっていても大目に見てもらえるということはもちろん、勉強の進め方についても柔軟に対応してくれる（内職をしていても大目に見てもらえる）可能性もあります。中学校としても進路未定者を出したくはないので、学校の先生を過度に敵視するよりも、頼れるところは頼るというスタンスがいいでしょう。

●高校入試では「公立トップ校」にこだわりすぎないように

一方、成績の評価は相対評価から絶対評価になったので、レベルの高い中学校（国立大学の付属中学校や、高額所得者の多い住宅地を学区に抱える公立中学校など）では、以前より全体的に好成績を得やすくなったのは救いではあります。ただ、逆に言うとライバルたちの成績もよくなっていますので、内申はよくて当たり前、ということになります。

さらに、**いわゆる「公立トップ校」に入ろうと思うと、入試問題のレベルが易しめなエリアでは、全教科で高得点を獲得する必要があるため、苦手教科があると不利になります。**逆に、難問が多く平均点が低い場合には、苦手教科があっても挽回可能かもしれません。あるいは、**私立高校を受験する場合や、公立であっても独自入試を課す高校がある場合は、問題との相性によっては有利になることも考えられます。**いずれにしても、お住まいの都道府県によって状況は変わるので、情報を集めることが大切です。結果的にトップ校は難しそうだということであれば、トップ校にこだわる必要はないと思います。

●高校入試にはさまざまな選択肢がある

また、トップ校を狙わないのであれば、全科目で高得点をとらなくてもいいので、得意科目を先に進めるべく、大学受験を見据えた勉強を始めてみてはいかがでしょう。特に、**大学受験に必要な英単語を先取りしてみましょう。これで、高校入試の英語は余裕をもってクリアできます。**

ただ、高校を選ぶ際、「勉強することは恥ずかしいこと」という意識が生徒の間に蔓延《まんえん》しているような学校は避けたほうがいいでしょう。そのような状況ではますます勉強へのモチベーションは下がりますし、仮に運動が苦手であった場合は自己肯定感をもちにくくなります。実際に学校に入ってみないとわからないことは多いと思いますが、文化祭などで下見をしておくと、学校の雰囲気がわかることもあります。

また、昨今では新しいタイプの通信制高校であるN高など、あえて通信制高校などを選ぶ生徒もいます。かつてであれば定時制高校や通信制高校は「何らかの事情で全日制高校に通えない生徒のためのもの」というイメージが強かったですが、今では積極的に選択する生徒も増えています。

「自分のペースで学んだほうがよさそう」と積極的に判断するのであれば、あえて全日制高校に進学しなくてもいいかもしれません。ただし、生活のリズムが崩れないように家族も気を遣う必要がありますので、迷うようであれば、全日制をお勧めします。

3 激変する大学入試

●高校は、勉強ができなくても卒業できる

ここまでは、発達障害の子どもは小学校受験～高校受験では不利になることがあるということでしたが、**大学受験の頃にはそうした不利もある程度克服できるようになっています。**無論、人によって発達障害の傾向や程度は違うので、一概には言えないのですが、幸い、日本の大学入試にはさまざまなルートや入試方式があり、自分にとって一番有利な方法を選べばいいのです。

約20年前、『分数ができない大学生』（岡部恒治ほか編、東洋経済新報社、１９９９

年）という本が話題になりました。入試で数学を選択しないで早稲田大学や慶應義塾大学に入学した学生の２割が分数の計算問題を、７割が二次方程式の問題を解けなかったということで、この本は世の中に大きなショックを与え、「学力低下」が問題視されるようになりました。

そもそも経済学部で数学の入試がないのは世界中で日本だけであり、大いに問題であるという論陣が張られ、私もそれに参加しました。ただ、このことを逆から見ると、分数ができないレベルでも、留年をせずに高校を卒業できている、ということです。本来であれば高校で学ぶ数学を理解できていないと卒業できないはずですが、そうはなっていない。**現状では、テストで赤点をとろうが、卒業できているのです**（出席日数が足りなければ難しいでしょうが）。

しかも、早稲田大学に入る学生の多くが中高一貫校や上位の公立高校を出ていることを考えると、他の高校も推して知るべし、でしょう。中学校卒業生のほぼ全員が高校に進むようになり、高校教育が義務教育の延長のようになってから、一部の大学付属校などを除いて高校での留年ということは基本的にはほとんどなくなっているのです。要するに、高校の勉強はできなくても卒業できるので、「大学に合格すればいい」と割り切ることができます。発達障害というハンディを埋めるためにも、受験テクニックを磨いて大学受験をクリアしましょう。

●「学校の信者」にならないようにしよう

さらに、地方の公立高校で学校が強烈な受験指導を行っているところでは、宿題や補講が異常に多かったりするために、自分で勉強法を工夫していくというスキルが磨きにくい傾向にあるようです。こういった「学校の信者」になってしまうと、苦手科目をなくすことと、与えられた課題をコツコツこなすことばかりに一生懸命になってしまい、得意科目を伸ばす戦略のほうが向いているであろうＡＳＤタイプの生徒にはあわないことが多いのです。

実は、東京の有名進学校に在籍している生徒の多くは、学校の進路指導をあまり信用していません。受験と学校の成績は別物だと理解しているからです（その代わり塾を盲信している生徒も多く、これはこれで問題なのですが…）。宿題の量は減らして、過去問をやりながら合格点に向けて足りない部分を埋めていくほうが、自分で勉強できる子どもには効率的です。

とりわけ発達障害の子どもの場合、得意不得意の差が激しくなりやすいこともあり、**「全教科満遍なくできなければダメ」という考えはもたないほうがいいと思っていま**

	特　徴	発達障害を持つ子どもの課題
小学受験	面接や行動観察など、学校に入った後うまくやっていけるかどうかで判断する部分が大きい。	面接で適切な返事が苦手だったり、周囲と協調して何かをするのが苦手だったりするので、不利になる可能性がある。
中学受験	学力検査が主で、算数で特に難問が出る傾向にある。また、国語の心情読解も難しい。	算数の中でも難問に苦手意識があると難しい。また、国語の心情読解も苦手だと不利になることもある。
高校受験	学力検査が主だが、多くの公立高校のでは、中学校から提出される内申書の点数が試験結果に加算される。	授業態度が悪いように見えると内申書で不利になる可能性がある。また、苦手科目があると公立トップ校を狙うのは難しい。
大学受験	学力検査で行う一般入試の割合は減少傾向で、推薦入試、ＡＯ入試の割合が増えてきている。また、一般入試でも得意科目だけでの受験が可能なところが多い。	得意なテーマを持っておけば、ＡＯ入試では有利になる。また、高校入試で成績の余裕のある学校を選んでいた場合、評定平均が高い可能性もあり、これも有利に働く。さらに、一般入試では得意科目で受験すればよいので、ここでは不利になりにくい。

小中高大の入試の特徴

す（実は定型発達の子についても同じなのですが）。もちろん、基礎学力があるに越したことはないのですが、分数ができなくても早慶の学生になれるように、武器としての学歴を獲得するためには、理想論よりも現実を見るべきです。**ハンディキャップがある以上、学校の勉強よりも、受験科目の得点力を向上させることを優先してもやむなしという開き直りが必要です。**

●話題の大学入試改革、その中身は？

ところで、本書の多くの読者の方が気になっていると思われることの一つに、2020年度からの大学入試改革があると思います。長く大学入試では、重箱の隅をつつくような悪問が続出したり、受験生集めのために文系で数学を廃止する大学が続出したりしていたのですが、一方で受験生の側にとっては、対策を練りやすくなるという側面もありました。受験が終わった途端に必要なくなる知識であったとしても、傾向と対策を分析して挑むということ自体には意味があったのです。

そのような大学入試の現状や、高校までで学んだことと大学での学びが繋がっていないことへの批判が高まったことなどを受けて取り組みが始まった今回の大学入試改革ですが、この手の改革は、うまくいった例がありません。

簡単に全体像を解説しますと、２０２１年1月から「大学入学共通テスト（共通テスト）」がスタートします。センター試験からの大きな変更点として、**これまでの試験がすべてマークシート方式だったのに対して、記述式問題が導入されるということが挙げられます。**そして英語の共通テストでは「リーディング」と「リスニング」が１００点ずつ均等の配点になります。さらに大学入試センターが認定した複数の民間検定試験によって評価されることになっていましたが、批判が相次ぎ実施が延期されることになりました。

そして、共通テスト後の二次試験については、個別の学力試験を課す「一般選抜」と、「ＡＯ入試」や「推薦入試」に大きく分かれますが、「一般選抜」では高度な記述式の試験が実施されることが見込まれるとともに、「ＡＯ入試」「推薦入試」に関しては、国立大学協会が２０２１年度までに国立大学全体としてＡＯ入試、推薦入試の占める割合を入学定員の30％とすることを目標にしています。

●旧来型のスタイルは残る

少し考えればわかるのですが、共通試験で記述の力を測り、二次試験でまた記述の力を測るというのは、二度手間です。また、「それでは知識はどこで問うのか」ということもよくわかりません。今までのように一次試験は知識を、二次試験で記述力を、という具合に棲み分けをしたほうが正しく学力を測ることができるのではないでしょうか。ともあれ、このような混乱に対して不安を抱く親御さんや受験生も多く、中学受験や高校受験では、大学入試を回避すべく大学付属の学校に人気が集まっています。

民間検定試験をめぐる大学側の姿勢はどうかと言うと、東京大学では2018年9月の時点で、ヨーロッパ言語共通参照枠（CEFR）のA2レベルと同程度の英語力を証明する調査書などを提出すれば、英語の民間検定試験の成績提出を必須としない基本方針を決めました。私立大学では、早稲田大学は学部によって扱いが異なり、慶應義塾大学は参加しないことを表明していました。短大を含む全大学の4割は英語の民間検定試験の導入に参加しないことを表明していて、受験費用の問題や、地方在住者が受験に際して不便を伴うことなどもあり、格差を固定させるおそれがあるとして実施にあたっては慎重論が強まっていましたが、2019年11月1日、文部科学省は民間検定試験を2024年度目処に実施を延期することにしました。

さて、色々な混乱が生じていますが、受験生はどうしたらいいのでしょうか。ひとまずは、**右往左往するよりも、今までのスタイルで勉強を続ければいいと思います。**

結局、採点する側の人間も変わりませんので、採点する側が採点できるような問題以

外は出すことができません。京都大学や大阪大学で入試の出題ミスが相次ぎ、追加合格を出したことは記憶に新しい話ですが、大学教員も度重なる改革に疲れ果てているのではないでしょうか。

ただ、入試改革によって対策が立てにくいという印象が強まる国立大学を回避する受験生が増えれば有名私立大学に志願者が集中することが考えられ、さらに昨今は三大都市圏の私立大学の定員抑制が厳格になっていることもあり、大手私大の入試が難化することも考えられます。これではより高得点が求められるということになりますので、そこは心してかからねばなりません。

いずれにしても、大学入試は合計点で受かるものです。多少の発達障害があったとしても、そのことを認識しておけば合格に向けての戦略を立てることができます。

●医学部入試の根深い課題

２０１８年、全国の医学部入試の不正が大きな問題になりました。東京医科大学の入試で裏口入学に加えて女子受験生に対して一律減点をしていたことが発覚し、医学部入試の実態が明らかになったのです。

さらに順天堂大学では、「女子が男子よりも精神的な成熟が早く、受験時はコミュニケーション能力も高い傾向にあるが、入学後はその差が解消されるため補正を行う必要がある」として、面接の点数を一律に下げていたことが大きな問題になりました。**そもそも面接を入学試験に取り入れるということは、コミュニケーション能力で選別されるということも意味しています。この状況では、発達障害を抱える学生にとってはやや不利な状況であることは否めません。**私自身にもその傾向があるように、医師にも発達障害の傾向がある人は多いのですが、特定の分野への関心の高さがゆえに医者としては優秀であることも多く、コミュニケーション能力で排除してしまうことには大いに疑問があります。少なくとも、大学の医学部は臨床医の養成だけでなく、研究医も養成する機関なのですから、能力のある変わり者を排除するなら、入試ではなく国家試験で行うべきでしょう。また外科手術などを考えると、**変わった医者であったとしても、医者である以上、患者さんを診断して治療する能力が高いことが何よりも重要なのです。**

面接に対してはひとまず割り切って対応するしかありませんが、**くれぐれも面接は合格のための手段であると自覚しておく必要があります。**そして、自己主張は大学に入ってからすればいいのです。自己主張のトレーニングは、大人になって社会で成功するために、面接対策のために猫をかぶるトレーニングをするよりもはるかに重要です。

また、面接の配点は大学によっても異なります。どうしても苦手であれば、配点の低いところに狙いを定めるのが無難でしょう。

●ケアレスミスをしないために

昨今、東京大学などの超難関大学を卒業したエリートが、大失態をおかして足元をすくわれるといったことが相次いでいます。

実は、この現象は本来とても成績のいい生徒が志望校に不合格になることとも通じるものがあります。彼ら彼女らは、試験当日、突然「バカ」になってしまうのです。プレッシャーや不安によってケアレスミスをしてしまい、ありえない失点をするのです。

ケアレスミスをしようと思ってする人はいません。しかし、発達障害の特徴として、ケアレスミスをしやすい、ということがあります。そのため、「自分は突然バカになり、ミスをおかす可能性がある」ということを意識しておく必要があります。

では、どう意識するのでしょうか。**まず、過去に自分がおかしたケアレスミスを書き出します。そのうえで、そのミスを分析します。**問題文や選択肢をよく読んでいなかったのか、慌てていて計算ミスをしたのか、計算ミスだとしたらどこでミスすることが多いのか、など、掘り下げていきましょう。そして、**一度した失敗を二度としないように、失敗をまとめた紙を目のつく場所に貼っておくなどしましょう。**さらに、事前に模擬問題などでケアレスミスをしないためのリハーサルもしておくようにしましょう。**「失敗は成功のもと」と言いますが、放置しておくと失敗は失敗のもとにしかならないのです。**

試験場でパニックにならないようなメンタルトレーニングも重要です。たとえば忘れ物をしないように、家族と一緒に必要な持ち物を出かける前に確認するなどをしてもいいでしょう。恥ずかしいなどと思う必要はありません。受かってしまえばすべて正当化されるのですから。

いずれにしても、本来賢い人たちが自分の力を過信し、墓穴を掘ってしまうのは、驕りではなくトレーニング不足なのです。どんなに賢い人でも「バカになる」瞬間がある、と思くようにしましょう。

●東大生に発達障害が多い？

以前、「東大生の四人に一人が自閉症スペクトラム疑いアリ」（原文ママ）というツイートが話題になりました。このツイートをしたのは東大の元大学院生であり、統計をとったわけではないので正確な数値ではないのですが、東大生の中にも発達障害の疑いがある人は少なくないのでしょう（割合はわからないですが）。

つまり、**「発達障害があるから勉強ができない」と思うのは間違いであって、驚異的な集中力や、幅広い関心などをうまく活かすと大きな成果を出すことができるということです。**東大入試の現代文では心情読解があまり出なかったり、問題が難解で合格最低点が低いうえに入試科目数が多いので、苦手科目があっても得意科目で挽回が可能であったりと、実は発達障害との相性は悪くないのかもしれません。

●有名大学の強み

「発達障害がある子どもに無目的に学歴をつけさせるよりも手に職をつけさせたほうがいい」ということを主張する向きもあるようです。確かに「このテーマを勉強したいからこの大学に行きたい」など目的があるのであればそれはまったく否定されるものではありませんが、有名大学に進学させることを否定する必要もないと思います。やはり、名門大学にはそれなりのメリットがあるからです。

東大などの有名大学に入ることの価値は、「選択肢が広がる」ということです。特に東大の場合、何と言ってもブランド価値があります。このブランド価値のために優遇されたりチャンスを得たりする機会も多いのではないでしょうか。この時代ですので、学歴があるからといって出世が約束されるということはないのですが、幅広い選択肢から将来の仕事を選ぶことができるのは魅力です。

また、欧米は日本以上の学歴社会です。日本国内の同調圧力に疲れ果ててしまい、活路を海外に求める人も多いですが、そうしたときに、有名大学（海外での認知度で言うと、圧倒的に東大が有利）出身であるということがプラスに繋がるということを理解しておく必要があります。

ちなみに、東大には「コミュニケーション・サポートルーム」という相談機関があります。発達障害かもしれない学生を含め、コミュニケーションに不安のある学生は、このような窓口に相談をして、コミュニケーションのサポートを受けることもできます。

●発達障害大国・日本

実は日本は発達障害大国と言われています。人種や気候によって発達障害の発生に差が出るとは考えにくいのですが、それでも日本で発達障害と診断される人が多くなってしまう理由として、とにかく空気を読むことや周りに合わせることが必要な文化であるため、他の国であれば見逃すレベルであっても発達障害と認定されてしまうということがあるように思います。ＤＳＭ－５の診断基準には幅があり、医師の判断に委ねている部分が多いため、その判定は恣意的にならざるを得ません。

最近では、大学進学の段階で海外を選ぶことが以前よりも増えてきました。過度に周囲への同調を求められる日本にいるよりも、他人に干渉しない海外のほうがいいという人は、一度は海外に行ってみるのもいいかもしれません。ただ、アメリカやシンガポールなどは厳しい競争社会ですので、挫折したときにどうするかも考えておく必要はありそうです。

4 大学入試の先を見据えよう

●いろいろなことに挑戦しよう

大学では、小中高よりも学生数が多くなるところがほとんどですので、さまざまなタイプの学生と出会う機会があります。私自身は医学部でしたが授業はあまり出席せずに、サークルを立ち上げたり学習塾の経営をしたり、雑誌のライターをしたり、映画の使い走りをしたりと興味のあることにいろいろ挑戦しましたが、そのときの経験は今にも繋がっているように思います。

「そんなにいろいろなことをやって、混乱しませんか?」とよく聞かれますが、興味関心がいろいろなことに移りがちなので、いろいろなことをやっていたほうが楽なのです。これはまさにADHDの特性なのだと思っています。「副業(複業)」や「二枚目の名刺」などの流行に見られるように、会社にのみ依存するのではなく、自分の得意分野を活かして世の中に働きかけていくことが評価されるようになってきています。**今後は、一つのことしかできない人よりも、いろいろなことにチャレンジできる人のほうが生きやすい時代になっていくと思います。**

●学習習慣は生きていくための基礎力である

弁護士や公認会計士が増えすぎて昔ほど安泰でなくなり、「資格をとったからといって安泰とは言えない時代になってきた」と言われてはいますが、そうではあっても勉強に苦手意識がないほうが将来の職業選択の幅は広がりますし、専門分野があって、その他の分野にも詳しいという人材へのニーズがなくなることはないと思います。

「自分の子どもが発達障害かもしれない」と思ったならばなおのこと、**子どもには学習習慣を身につけさせておくことを強くお勧めします。**「いじめは可哀想だ」「障害がある子どもを保護しよう」ということを言っておきながら、そういう子どもが大人になったらあとは自己責任という考え方がまかり通る世の中でもあります。繰り返しますが、子どもはいつか大人になります。そうなったとき、自分の力で食べていくことを求められるのです。

「自分の身は自分で守るしかない」というのが現実ですので、生きていくうえで少しでもアドバンテージをもてるようにしたほうがよいと思います。資格取得が絶対安泰の逃げ道とは言えなくなってきてはいますが、一方で何らかの才能を開花させれば活躍する機会が増えてきてもいるのです。

●大人になると「変わり者」が強みになる

第１章で、自信過剰なまま大人になると社会に出たときに大変なのではないかという向きに対してどう考えるかを説明しましたが、特に、子どもの頃は、いじめる側もいじめられる側も幼いため、むしろ自信過剰なままでいいから自信をもたせたほうがいいし、そのためにはその根拠をもたせようと主張しました。では、「大人の社会ではどうなのか？」ですが、子どもの頃と大人の頃では周囲の成熟度も違うので、性格が悪いからという理由だけではいじめの対象にはなりにくいように感じます。逆に、発達障害がなくともいじめられる職場はあるでしょうし、業績や仕事の進め方などをめぐって対立することもあるでしょう。働いている方ならお気づきでしょうが、周囲に変な人などたくさんいるのです。それでも回って行くのが社会なのです。

仕事でうまくいかないのは、自分の能力とミスマッチな仕事をしているか、能力がともなっていないのに自分を天才だと思っているかのどちらかだと思います。プライドの高さを担保するような能力を子どもに身につけさせてあげるのも親の役割だと思います。ただ、これを自分が知っている世界だけで考えるとパンクしてしまいますので、情報を集めることも大切です。

精神科医をしていて気づいたのですが、**変わり者は意外に心の病にならないのです。むしろ、まじめ一筋の人のほうが心を病みやすいのです。**まじめな人は、「かくあるべし」という思い込みが強く、そこから抜け出すことが下手で自分で自分を縛ってしまいます。そういった「かくあるべし」思考から自由であるほうが、メンタルヘルス的にはいいこととされています。したがって、嫌われることを恐れないほうがいいのです。恐れている暇があれば仕事をしたほうが職場にとってもプラスです。そもそも苦手なのに空気を読もうとして、読み違えてしまうほうがかえってストレスになるのではないでしょうか。

●まずは伸ばすべきところを伸ばそう

また、「衣食足りて礼節を知る」という言葉があるように、生活に余裕ができると気持ちにも余裕ができてきて、人にも優しくできるようになります。残念ながら、精神的、経済的に余裕のない、恵まれない人のほうが世に恨みをため込んでいくものです。

自己肯定感というものが損なわれてしまうと、大人になってから、自信をもっていろいろなことに立ち向かっていけなくなる可能性があります。勉強ができるようになったときに「天狗になるなよ」と言って芽を摘むのではなく、さらなる挑戦を後押ししましょう。

発達「障害」と名がつく以上は、できることとできないことに差があるのです。ダメなところに目を向けてばかりいると、伸ばすべきところを伸ばすことができなくなってしまいます。残念なことですが、できないことを伸ばすのは定型発達の子どもよりもずっと難しい(定型発達の子であっても十分難しいのですが)のです。「プライドを捨てて周囲と仲良くしなさい」と言ったところでどの程度できるかわかりません。そもそも、周囲が本当に受け入れてくれるかどうかもわからないのですから。

それであれば、まず、伸びるところを伸ばしたほうがいい。現実世界の中では、それで仕事ができるようになれば、多少性格が悪くても世の中をリードしていけるのです。

●同調圧力との戦い方

とは言え、日本という国は同調圧力のとても強い国です。基本的には、一つのコミュニティへの強いコミットメントを求めることから、その中で承認されることが何よりも重要だという思い込みがとても強い国だと言えるでしょう。そういうところでは、変わり者は仲間外れにされやすく、発達障害の子どもは、残念ながらその対象とされやすいのです(特に小中学校時代はそれが強いのだと思います)。そのため、変わり者が生きていくうえでは、同調圧力などに屈しない強い力が必要なのです。**幸い、最近は突き抜けた才能をもつ人は以前よりも賞賛される傾向にもあり、発達障害があってもしっかりとした実力を身につければこの世の中を自由に渡っていくことができる**

ことでしょう。そのためにも、幼少期を何とかして乗り切ることが大切なのです。

●関心の幅が広い人の可能性

昨今の日本社会では「働き方改革」がもてはやされています。先程も触れましたが、副業（複業）などが認められるようになり、一つのコミュニティへの帰属意識が希薄になることが考えられます。そうなると、関心の幅が広い人であれば、以前よりも自由に動くことができるようになるかもしれません。最近のビジネス書のヒット作を読んでみても、組織への忠誠を勧めるような本はほとんどありません。従来型の組織人であれば受け入れがたいようなスタイルの本が多いように思います。

周囲に同調しているよりも、いろいろなことに関心をもってチャレンジする人のほうがこれからの時代を生き延びていく力があるのかもしれません。同調圧力があろうがなかろうが、その中で何もしないで衰退していくか、持ち前の行動力で挑戦し続けるか。周囲への承認欲求よりも、自分の好奇心を活かしたほうがトータルではプラスになるのではないでしょうか。これも、首都圏と地方では意識面でも実際の変化でも大きな格差があります。そのことを認識したうえで、どうすべきか考えてみましょう。

ともあれ、日本社会は今後大きく変わっていくと思われます。どう変わっても子どもが将来生き残っていけるよう、できることは何でもチャレンジさせてみることをお勧めします。

第3章

どうやって勉強を進めていけばいいの？

第3章のポイント

●子育てノートをつけよう。子どもの特徴が把握できると、あう勉強法も探しやすくなる。

●学習習慣をつくることが大切。ゲームを攻略するように勉強を進めることを楽しめるようにしよう。

●いきなり教科との相性を判断せずに、まずはいろいろな勉強法を試す。それでもダメであれば、得意な教科の勉強を優先する。

●子どもの学年は無視して、学力に応じて先に進めたり、前に戻ったりして勉強を進めよう。

　それでは、いよいよ本題の勉強法に入っていきたいと思います。発達障害という診断をされていない子どもであっても、苦手教科もあれば、得意教科もあります。全教科得意！　という子どもであれば素晴らしいですが、残念ながらそういう子はなかなかいません。ただ、「得意」とまでいかなくても、「好き」であることはとてもいいことです。ぜひ「好き」な教科を増やしたいところですし、子どもが「好き」な教科を見つけたならば、それを応援してあげましょう。

　本章ではまず各タイプ別におおまかな勉強方針を示し、そのうえで家庭での学習方法などについて説明していきます。

1　発達障害タイプ別の傾向と対策

●ＡＳＤの子どもの勉強法

　ＡＳＤの子どもは読解力が弱いことが多く、これをどう克服するかが大きな課題です。読解力、表現力はすべての教科に通じる基礎力ですので、第４章でも紹介する国語対策ともあわせて作戦を立てていきましょう。心情読解を苦手とする一方、論理に対してこだわりが強い人が多いのもＡＳＤの特徴であり、算数・数学は得意なことが多いのです。文章題ができるように、論理的な文章を落ち着いて読むトレーニングを積みましょう。

ＡＳＤの人に見られる傾向として、こだわりが強いというのは前にも説明しましたが、**こだわりの強さゆえに、自分の勉強法に固執してしまう**ことがあります。その結果、**頑張っているわりに成績に反映されない、ということが起こり得ます。**このような場合頑張っていることを褒めつつも、問題がどこなのかを分析してみましょう。そうして判明した改善点が明確で、すぐに効果が出るものならばいいのですが、改善が難しいなら、思い切って諦めて、得意教科の学習に特化してもいいかもしれません。

ときどき、勉強全体が得意なＡＳＤの人もいます。そういう人は、とにかくテストで高得点を採ることに喜びを見出し、勉強のできない人の気持ちはわからないことが多いようです。そのため、学校などで浮いてしまうことも多いのですが、それは仕方ないことなので存分に勉強に専念させてあげましょう。**変わり者であることには違いないのですが、論理へのこだわりの強さが、武器になるのです。**組織内では、周囲に忖度することなく思い切った決断をすることができたりもします。

ＡＳＤタイプの人の中には、恐らく驚異的な集中力（過集中）で勉強をこなしてしまう子どももいます。こうした**集中力がある場合は、止めずに気の済むまで勉強をさせましょう。**そろそろ疲れるんじゃない？　と心配になるかもしれませんが、大丈夫です。夜遅くなってしまった場合も、生活のリズムを保つために朝はきちんと起こしましょう。それで朝日を浴びて朝ごはんで目をしっかり覚ましてもらえば、夜は早く眠くなるでしょうし、次の日からは平常のリズムに戻ります。１日くらい寝るのが遅くなってもそれが続かなければ特に問題はありません。

●ＡＤＨＤの子どもの勉強法

ＡＤＨＤの子どもは、落ち着きがなく、じっと机に座っているのが苦手だとされています。落ち着いて考えることができず、長文読解や文章題、証明が苦手なことが多いものです。このため、ひとまず現状を受け入れて、**落ち着きのなさを責めずに、短い集中できる時間にいろいろなことをやらせる、教えられることを教えていくこと**が大事だと思います。

ＡＤＨＤの子どもは気が散りやすいと言われますが、**「気が散る」ということは、「あることに対する注意が別のことに向かう」ということなので、意識がなくなるわ**

けではありません。そこで、「意図的に別のことに注意を向かわせる」という手があります。他の人であれば同じ教科を一時間集中させることが重要になりますが、ADHDの場合、5分間やったら別の教科に変更して、集中力が切れてきたら別の教科に切り替えるなど、工夫をしてみるのです。

どうやらエジソンも、好きなことに関しては3分ではなく長時間集中できたようです。そのため、**何よりも勉強を好きにさせることが大切**です。よく親が子どもに言ってしまう文句に、「こんなに落ち着きのない子なのに、ゲームだけは3時間もやっている」などということがありますが、**裏を返せば、もし勉強がゲームの代わりになれば、3時間でもやれるかもしれない、ということです。**ぜひ、面白いと思わせるように家族で盛り上げていきましょう。あるいは、実際に面白い問題を解かせたり、面白い教師のいる塾に行かせたりという手もあります。

また、子ども扱いするとかえって面白くないと思う子どもも多いようです。子ども向けのわかりやすいものではなく、ちょっとハイレベルなものを面白がってくれるかもしれません。

コツとしては、

①本人から見て面白い教え方、面白い書き方をしている本を探す。
②つまらないことでも面白がる教え方をする。
③興味をもたなかったときは、それは素直に諦めて、何だったら興味をもつかを探す努力をする。子どもにとっては地理が面白かったり、昆虫や天文が好きだったりすることがあるので、根気よく探してあげる。

ということでしょうか。興味をもつことを増やしてあげることが大切です。将来の可能性を広げるためにも、ここで努力を惜しんではいけません。

●ＬＤの子どもの勉強法

次に、ＬＤの子どもの勉強法です。ＬＤはＡＳＤやＡＤＨＤとの重複もあり、難しい部分も多く、これから示す勉強法も絶対に役に立つとは言い切れません（今までご紹介したものも、試してみて、あわないと思ったら別の方法を試してみるなどの柔軟な態度で臨んでいただければと思います）。

たとえばＡＳＤとの重複の場合、先述のように「視覚情報が優位で絵や記号は覚えるが文章は苦手」というような表れ方をします。そのため、基本的な方針としては、以下のように考えてみましょう。

①算数障害、国語障害については、専門出版社の本を使って練習してみる。

②それでもダメだったときには、無用な劣等感を与えるよりも、できる教科を伸ばしたほうがいい。

①については、国語の場合、文字を正しく書けなかったり、文節を正しく捉えることができなかったりします。これについては、通常の練習帳では文字をうまく練習できない可能性があるので、発達障害の子ども向けの練習帳が専門出版社から発売されています。算数も、抽象的な思考が苦手な子どものために、イラストを豊富に用いたドリルが出ています。まずはこれらに取り組んでみるのもお勧めです。

一方、②については、どうしても苦手意識を拭うことのできない教科にずっと取り組み続けても、自己肯定感が下がり続けていく可能性があります。そうなるよりは、できる教科を伸ばすことを考えたほうがプラスに働くと思います。

私自身、国語がずっとダメでしたが、年を重ねて、精神科医をやっているうちにだんだんと人の気持ちがわかるようになってきました。昔は同級生や仕事相手から嫌わ

	弱　み	強　み	お勧めの勉強法
ASD	○読解力が弱い ○特定の勉強法にこだわってしまう	○驚異的な集中力 ○論理への執着	○気が済むまでとことん勉強させる ○強みと弱みの冷静な分析をして戦略を立てる
ADHD	○長時間勉強ができない ○長文読解や文章題、証明が苦手	○幅広い興味 ○好きになれば集中力も持続する	○集中力が切れたら別の教科を勉強させる ○勉強が好きになるように楽しさを伝える ○興味を持たなかったときは諦めて別の教科を勉強させる
LD	○読み書きなどの基礎的な能力を身につけることに問題がある	○現状は苦手でも、将来的には得意になる可能性はある	○専門家に相談しつつ、苦手に応じた勉強法を検討。専門出版社から教材も出ている ○それでも得意にならない場合は、まずは得意な教科を伸ばす

タイプ別の勉強法

れることも多かったと思います。嫌な奴だったのでしょう。でも、今は随分丸くなったのではと思っています。**発達障害は、発達のバラつきです。発達しないのではなく、むしろ一生発達していく可能性があります。**性格が変わりにくいことは否定できませんが、変わらないと決めつける必要はありません。開き直って、気長に構えていきましょう。

2 家庭での学習はどうすればいい？

●子育てノートをつける

発達障害のタイプ別の大まかな考え方を示しましたが、ここからは家庭でできることについて見ていきましょう。まず、勉強に入る前にご提案したいのは、**親御さん独自の子育てノートを作ってみることです。**誰かに提出したり、見せたりする必要のないものですので、好きなように、いろいろなことを書いてみてください。子どもの様子を書くのもいいでしょう。

新しい勉強方法を試したときの子どもの反応や子どもの反応がよかった褒め方など、ノートが子どもに合う方法を見つけていくための大きな助けになるのです。

ノートを作るメリットは二つあります。まず一つは、**子どもの反応がデータとして蓄積されていくこと**です。何をすれば効果が出て、何をすれば逆効果になるのかがデータとしてたまっていきますので、定期的に見直してください。子どものパターンや法則を見つけることができます。

子どもが小さい頃は、それを振り返るのは親の仕事になりますが、小学校高学年や中学生以降になると、子ども自身が読んでも、自分を見つめ直すための材料にできます。ときには親子で一緒に作戦会議をしてもいいでしょう（反抗期には嫌がるかもしれませんが）。データが多ければ多いほど、親御さんがその子の特性を見抜くことに成功する可能性が高まりますし、療育を受けるときや、学校の先生などに相談するときにも有効な資料になります。

二つ目のメリットは、**何でも観察してそれを記録に残そうという意識が常に働くようになること**です。そうすると、親御さんはより深く子どもを観察するようになります。

幼稚園や保育園に子どもを通わせていたら、家庭での子どもの様子を連絡ノートに書くと思いますが、レスポンスとして、先生は子どもの園での様子について書いてくれます。このやり取りを積み重ねていくと、子どもについてある程度、深く理解することができるのですが、お子さんが既に学齢期に入っている場合、その頃のことをすっかり忘れてしまっている親御さんも多いのではないでしょうか。

ちょっとしみじみとしてしまうかもしれませんが、このときのノートを読み返してみてはいかがでしょう。子どもの性格について、言語化できていなかった部分を思い出すこともできるかもしれませんし、これまでに集めたいろいろな記録を振り返ってみると、新たにノートをつけていくのも楽しくなっていくかもしれません。

●ノートのつけ方

ノートは自由に書いていいのですが、お勧めの方法はあります。まず、**ページの最初にその日の日付を書いてから、観察の様子を書き入れていき、次の日はページを改めて書き始めてみましょう。**こうすることで、過去の記録が振り返りやすくなりますし、分量の差からもエピソードがたくさんあった日なのか、観察できたことが少なかった日なのかなど、いろいろなことを感じることができます。

特に大切なのは、子どもができなかったこと、学校でうまくいかなかったことを見

ノートをつけよう

つけた際に、どんな対策が考えられるかを列挙することです。それを一つひとつ試していき、結果がどうだったのかを書くことは前述のようにデータの蓄積につながります。

また、**子育てに関する新聞や雑誌の記事を切り抜いて、スクラップブックをつくることもお勧め**です。不思議なもので、記事の切り貼りをしようと思っていると、新聞や雑誌を読んでいるとき、子育てに有効な内容が目につくようになります。神経質にノートを作る必要はありません。適当に切り抜いて、適当に貼りつけておけばいいのです。スクラップとノートを分けようとすると管理も面倒ですから、一体型にするとよいでしょう。

お子さんが幼稚園や保育園に通っていて連絡ノートがあるのなら、スクラップだけでもいいかもしれません。無理なく気楽に取り組むことが重要です。

●まずは勉強の習慣をつくろう

ＡＤＨＤの子どもの場合、長く椅子に座っているのが難しく、長時間勉強に集中するのが難しいと言われています。そのため、長時間は無理だとしても、**まずは「毎日勉強しなければ気持ち悪い」「勉強が習慣」という状態にもっていくことが大切**です。集中力が切れたら一旦休憩すればいいですし、とにかく毎日前に進めていくことが肝です。**ＡＳＤタイプの子どもはルーティンにこだわりますので、勉強がルーティンになってしまえば、しめたものです。**

勉強は、毎日するものです。宿題があるから勉強するとか、試験があるから勉強するとか、そういうことではないのです。勉強しない日を作らないようにすること。つまり、勉強を毎日の習慣にすることが大切なのです。

●習慣化するためのコツ

習慣化について、私はいつも歯磨きを例にお話ししています。小さな子どもの多くは、歯磨きが嫌いです。お母さんが磨いてあげたりしますが、嫌がって逃げ出す子もいます。私の子どももそうでした。それを無理に押さえつけてでも続けていると、そのうちきちんと毎日自分で歯磨きをするようになります。そして、やがて子どもは歯磨きをしないと気持ち悪く感じるようになってくるのです。

勉強も、これとまったく一緒です。**毎日の勉強が習慣になれば、勉強をしないと気持ちが悪くなります。**歯磨きを習慣にするため親御さんが子どもの歯を磨いてあげたように、勉強が毎日の習慣になるよう親御さんが子どもと一緒に勉強しましょう。これは、とても重要なことです。

勉強を毎日の習慣にするには、コツがあります。それは、**「勉強をして頭がよくなった」と子どもに毎日感じさせることです。**毎日勉強をしていると、必ずその日に新しくできるようになったことが出てくるわけですから、それを根拠にして、子どもに「今日も頭がよくなった」と感じさせてください。

歯磨きを自分でするようになったころ、子どもは大人をつかまえて、歯磨きできたとか、歯がきれいになった、と申告してきたのではないでしょうか。そのときに歯を見てやりながら、「きれいになったね」と言ってあげると子どもは喜びます。勉強もこれと同じで、「今日も頭がよくなったね」と毎日子どもに言ってあげてください。そうすることによって、勉強をしていないと、あるいは勉強をしていない日があると頭が悪くなったような不快感が生じてきます。これが習慣化というものなのです。

●ゲームのやり過ぎに注意！

「子どもがゲームばかりやっていて全然勉強しない！」そう言って不安になる親御さんも多いかと思います。発達障害がある子どもの中には、「過集中」といって驚異的な集中力を発揮することがあります。一度興味があることを始めると、周りが見えなくなってしまう。「関心がゲームに向くと、のめりこみ過ぎてゲーム依存になってしまうのでは」という不安を抱くのも、当然のことだと思います。どうせなら、この集中力は勉強に向けてほしいですよね。

そこで、**ゲームをするなら、「1日30分まで」とか「夜8時以降はやらない」などルールを決めておくことがポイントです。**あるいは、「理科のテキストの20ページから30ページまでこなしたらゲーム20分ＯＫ」など、具体的に決めるのもいいでしょう。**ゲームをご褒美にしてしまうのです。**実際、発達障害がある子どもに「ゲームは１日

1時間まで！」と言っても、約束が長続きしないケースも多いようです。制限のルールだけでは難しければ、「ご褒美」にしたほうが賢明かもしれません。

無制限にゲームを続けていると、依存症に陥る可能性が高まります。これは定型発達の子どもでも同じことです。依存症になると、ゲームが勉強の妨げになると頭ではわかっていても、やめられなくなります（アルコール依存症もそうですが、頭ではわかっていてもやめられないから「依存症」なのです）。依存症は、医療機関でも簡単に治療できない心の病なのです。

この場合、「ゲームばかりしていたら大学にいけなくなっちゃうよ」という理屈で諭すのでは限界があります。わかっていても、自制ができなくなっているからです。**ゲーム依存状態を解消するには、物理的にゲーム機に触れない環境を作るしかありません。**

こっそり自室でゲームをしないようにするためにも、ゲーム機をリビングに置くようにするなど、ゲームの場所を共用スペースに限定してしまいましょう。**また、スマートフォンをもたせる場合、ゲームなどのアプリケーションをダウンロードできないように設定しておくようにしましょう。**

「ゲームは、家族の目の届く場所で行う」などとルールを決め、時間が来たらゲーム機を触れない場所にしまう。これくらい徹底しておく必要があるでしょう。実際、依存症になると一生治らない人もいます。社会生活が送れなくなってしまっては困りますので、十分に気をつけましょう。

●勉強を「攻略」しよう

ゲームには気をつけなければなりませんが、**勉強をゲーム感覚で楽しむことは、もちろん問題ありません。**そのためには、先ほど挙げたように課題をこなす度に何かご褒美をあげるというのもいいでしょう。あるいは、課題をクリアするごとにすごろくを進めるとか、いろいろ工夫ができます。課題の量によって進めるコマ数を変えてもいいでしょうし、クリアするごとにサイコロを振るというのも楽しめそうです。クリアできたときのご褒美をゲーム以外の好きなものにして、そちらに興味を向けるという手もあります。

ご褒美で子どもを釣って勉強をさせるというと、批判の声が上がりがちです。しかし、私は一概に悪いとは考えていません。そもそも、**社会が労働の対価として報酬を得る仕組みになっているのですから、その仕組みを体験的に理解しておくことも重要だからです。**

また、発達障害のある子どもの療育に使われるＡＢＡ（応用行動分析学）療法というものがありますが、これも大まかには行動を十分観察したうえでのアメとムチのようなものです。望ましい行動を褒め、望ましくない行動は無視する（褒めない）のです。「褒める」の反対は「叱る」ではなくて「無視」なのです。

子どもは親に自分の行動に関心をもってほしいと思っています。望ましくない行動をしたからといって怒っては、ある意味で子どもの思うツボなのです。それよりも、関心をまったく示さないことで、この行動は親の興味をひくことができなかったと思うようになります。その結果、望ましい行動をとることができるようになる…ということなのです。勉強も同じように、望ましい行動だという感覚を身につけていくうちに、どんどん楽しくなっていきます。

テレビゲームやネットゲームを楽しむだけになってしまうと、ゲーム依存症になってしまったり、課金システムに絡めとられてしまったりと、とにかく問題も多いのですが、ゲーム的な要素を使って勉強するようになるのは素晴らしいことです。ぜひ、勉強を「攻略」できるように進めていきましょう。

●「結果を褒めて、行動を叱る」のが原則！

テストの結果が悪かったときなど、つい叱りたくなってしまうかもしれません。そのときの鉄則ですが、**「結果を褒めて、行動を叱る」ということを意識する**ようにしましょう。たとえば算数のテストが100点満点中30点しかとれなかったとき、「何で30点しかとれなかったの！」と怒っても何の意味もありません。叱ったところで結果はまったく変わらないからです。

しかし、そういった結果なのにゲームばかりやっているようでは問題です。終わったことは仕方ないのですが、次のテストで挽回できるようにしなければなりません。そういうときは「ゲームばかりやってないでまずは勉強しなさい！」などと注意しましょう。それで次のテストの成績が上がれば、その結果を褒めてください。遊んでばかりで勉強をせずに、成績が下がったのであれば「遊んでばかりいないでもっと勉強しなさい！」と言いましょう。

問題は、勉強していたのに成績が下がってしまった場合です。こういうとき、子どもが「自分の頭が悪いから成績が下がってしまった」と思い込んでしまって、自己肯定感が下がってしまうのは危険です。**勉強をしているのに成績が上がらない場合は、やり方がまずいか、教え方がまずいか、教科との相性が悪いのです。**まず、頭が悪いということは否定したうえで、「原因を一緒に考えてみようか」などと言ってみてはいかがでしょうか。

もう一つ、大切なのは結果を褒めることです。

ＡＤＨＤの子どもなどは、大して勉強をしていなくてもいい点をとることがありますが、「もっとやっていれば、もっととれた」とか「算数だけでなく、国語もできないとね」などとよけいなことを言うとやる気をそいでしまいます。まず、いい点をとったら思い切り褒めることです。

●成績が改善しないとき

勉強をしている割に点数がとれないという場合、勉強の方法に問題があるとか、集中力が切れてダラダラやってしまったとか、的外れな勉強法にしがみついてしまったとか、さまざまな理由が考えられます。

集中ができない場合は、既に述べたように短時間で別の教科に切り替えたり、休憩をとりながら勉強したりするのが定石なのですが、発達障害の子どもの場合、認知に偏りがあって同じことを説明していても理解の仕方が人と違っている可能性があります。

まず、その可能性を探ります。その一つの方法は、**こちらの説明したことを「今、私が言ったことを簡単にまとめてくれる？」**などと**問い返してみること**です。これでものすごい勘違いが見つかることもあります。これは、学校や塾の先生と協力できるようであればそれでもいいと思います。

また、的外れな勉強法をしているときに無下に否定すると、かえってムキになる可能性もありますので、修正の仕方に注意が必要です。まず、テストの結果を見ながらどうして解けない問題があったのか、冷静に分析してみるところから始めるのがいいかもしれません。

「自分で勉強したほうが効率的だ」と子どもが思っているようであれば、学校の勉強は無視して、参考書などで自分のペースで進めてもいいでしょう。あるいは、「わかりやすい」と定評のある塾に行かせるという手もあります。それで成績が上がれば教え方が悪かったということですし、やはり点がとれないようであれば、その理由を再度考えましょう。いずれにしても、「なぜその成績なのか」を分析をしてみましょう。いい成績がとれた理由でもそれを考えてみることで、次の成功への道すじがわかるようになります。

教科との相性については、すでに述べたとおり、**すぐに相性が悪いと判断するのは**

危険なので、しばらくいろいろな勉強法を試してみてください。それでもどうしてもダメならば、相性が悪い教科だと考え、他の教科を優先してください。

しばらくして相性がよくなることもありますが、まずは得意教科で高得点を目指すことを優先したほうが効果的でしょう。できない教科をできるようにすることにこだわると、子どもが自信をなくしてしまうこともあるからです。まずは得意教科を伸ばすことで、勉強ができる感覚をもつことが大切です。

また、あまり勉強しているように見えなかったのに成績がいいときもあります。こういうとき、「油断は禁物」と戒める親御さんも多いのですが、前述のようにまずは素直に喜びましょう。そして、**「あまり勉強しているように見えなかったけど、どうやってこの点をとったの？」と聞いてみるのです。**そうすることで、「実はね…」と語りながら、子どもは自分の勉強プロセスを分析し、さらに発展させていくことができるのです。

●リビング学習は万能？

先程、「ゲーム機はリビングに置くように」と書きましたが、**最近、「東大生の多くがリビング学習をしていた」ということが話題になっています。**勉強部屋を作れば落ち着いて勉強できるという考えは甘すぎます。特に、今は誘惑の多い時代。気がついたらスマホをずっと見ていた…なんてことも少なくありません。「誰だって部屋に一人きりになったら勉強よりもネットを選ぶに決まっている」くらいに思っておきましょう。

そこで、「リビングであれば親の目も届くし、勉強させることができる」ということになるわけです。このリビング学習は発達障害の子どもにも有効なのだろうかと心配される方も多いかと思います。リビング学習自体は、私も問題ないと考えています。ただ、**「リビングありき」になってしまうのは問題だと思います。**

子どもによっては、監視されていると気が散って勉強できないというタイプもいます。大切なのは、一番勉強しやすい環境を探すことなのです。リビングがいい子もいれば、自習室や図書館などがいい子もいるでしょう。

リビング学習のポイントですが、子どもがADHDの場合、集中力が長続きせず、立ち上がって歩き回ることがあるかもしれません。それを矯正しようとするのではなく、**歩き回ることを止めずに、子どもがリラックスできたらまた勉強に戻るように促して、こなせる課題の量を徐々に増やしていく**ようにしましょう。**歩きながら問題を解いたり、単語を覚えたりするほうが向いている子もいます。**リビングの中を歩き回

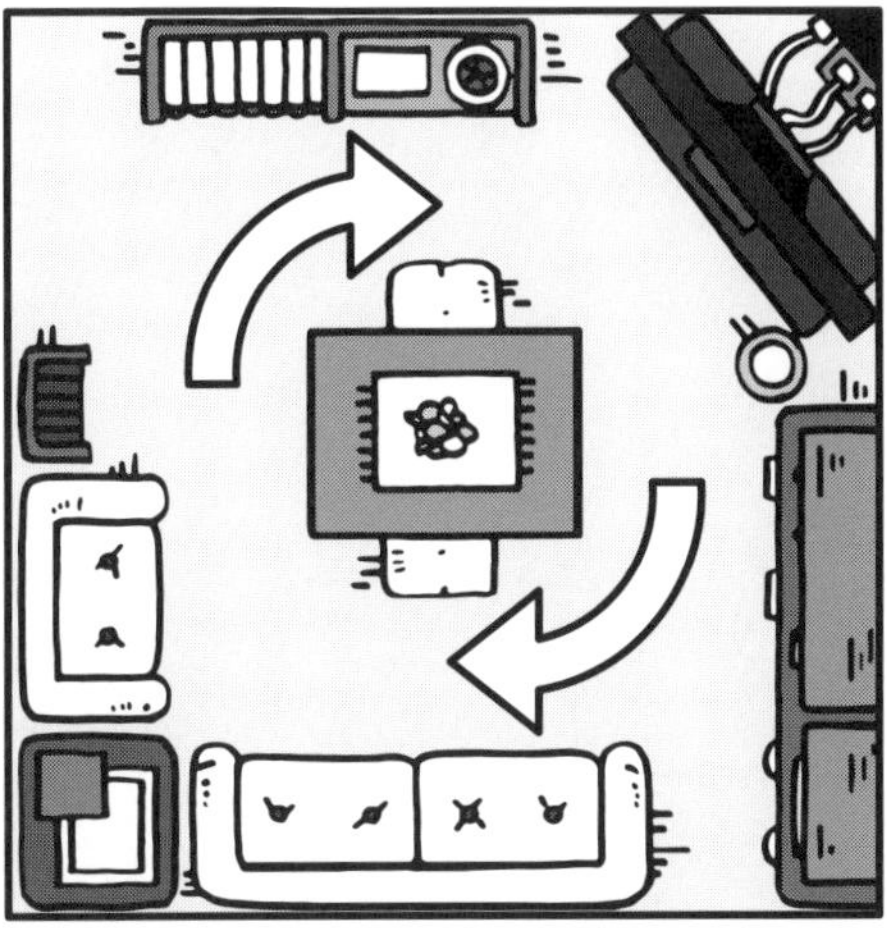

リビング学習をする場合は動線を確保しよう

りやすいように、動線を確保しておくとベストです。

●適度に体を動かそう

また、子どもが立ち上がるとき、子どもと一緒に歩いて、話を聞いてあげてもいいでしょう。気分がすっきりすると、また次の勉強に取りかかることができるものです。私自身、もともと落ち着きがなかったこともあり、長時間椅子に座り続けるのが辛く、しばらくすると椅子から立ち上がり、部屋の中を歩き回りながら声に出して勉強することがよくありました。こういうときにとことんまで子どもに寄り添うことも、大切な親の務めです。

実は、座り続けていると血行が悪くなり、脳に酸素が行き渡らなくなることがあります。立ったり歩いたりすることで血行が促されるので、適度に立ち上がるのは脳を活性化するうえでは理にかなった方法だと言えます。実際に、脳科学の研究では、記憶や思考を司る脳の前頭前野が、身体を動かすことで活性化されるという報告も出されています。最近のスタートアップ企業などでは、意図的にスタンディングデスクを採用しているところもあります。そうして作業効率を上げるとともに、長時間労働になることを予防するのです。

そもそも人体は立つこととしゃがむことにあわせて骨格が形成されていますので、本来座ることにはあっていないのです。日本人は座っている時間が長いことも問題視されています。そのため、勤務の合間にストレッチを取り入れている企業もあります。これは、勉強でも同じことだと思いますので、**適度に歩いたりすることで勉強の効率を保つこともできるでしょう。**

●セロトニンを増やそう

また、食事にも意識するとよいことがあります。それは、**セロトニンを増やすこと**です。セロトニンとは三大神経伝達物質の一つで、これが欠乏するとうつ病になりやすいと言われています（特に、ＡＤＨＤの人はうつ病や双極性障害になりやすいと言われています）。

セロトニンは必須アミノ酸（体内で生成することができないアミノ酸のこと）のトリプトファンから合成されますが、肉や魚、豆やナッツなどに豊富に含まれています。おやつに枝豆やナッツなどを出すのもいいでしょう。また、寝ている間には合成されず、日中の陽に当たっている時間に合成されると言われています。**子どもの集中力が切れて歩き回るようなときには、可能であれば外まで散歩をして日光を浴びるのもお勧めです。**

なお、セロトニンの分泌を制御しているのは腸内細菌であると言われています。分泌が増えすぎると下痢気味になりますが、少なくなると便秘になります。下痢にならない程度に、意識してみてもいいかもしれません。

3 「学年」を積極的に無視しよう！

●9歳の壁

本書の読者の多くは、小学校入学前〜小学校中学年くらいのお子さんをおもちの親御さんだと思われます。お子さんが学校生活を過ごす中で、学校にうまくなじめない、教科によって興味のバラつきが大きい、なかなか勉強の習慣が身につかないと、さまざまなお悩みを抱えていらっしゃるのではないでしょうか。

特に、小学校3年生の頃には教育の世界で言う「**9歳の壁**」という境目を迎える時期であり、この時期をどう過ごすかが大きなポイントとなります。自我が芽生える時期とも言われていますが、学習面では今まで記憶力中心だった脳が、論理的思考にも対応できるようになっていく時期だと言われています。

中学入試の準備を始めるとしたらまさに9歳、3年生の終わりくらいから始めるのが最近のトレンドですが、お子さんの発達段階によっては、なかなか定石どおりにいかないこともあります。得意教科と苦手教科の差が大きい場合は、こういった認知の得意不得意が影響している可能性もあります。

●得意な教科は先取り、苦手な教科は最初から

多くの親御さんは、「当該学年の教材で勉強しなければならない」という意識をおもちだと思います。しかし、**その意識は捨ててください**。たとえば、**算数がわからなくなっている場合は、小学校1年生の最初からやり直しましょう**。遠回りに見えて、それが一番の近道なのです。

あるいは逆に、**先に進んでいる教科がある場合は、どんどん先に行ってしまって問題ありません**。歴史好きなどに多いパターンですが、知識が増えることはもちろん悪いことではないのです。歴史好きの子どもは、歴史上の出来事や人物名などをいとも簡単に覚えてしまいますし、生物が好きな人は、生物の名前をすぐに覚えてしまうものです。「歴史オタク」と言われるような人は、日本史や世界史が大好きであり、強制されなくても自分から進んで勉強します。その結果、自然と好成績を残しているのです。

●好きなことは武器になる

「好き」ということは、「注意・関心」をもっているということです。「注意・関心」のある教科は知識が記憶にも残りやすく、当然、勉強の効率もよくなります。ですから、**まずは「好きな教科を作って伸ばす」という発想も重視しましょう。**なお、「9歳の壁」以前の子どもは、理解力は弱くても記憶力が非常に高い傾向にありますので、この時期の記憶力を活かして記憶系の分野はどんどん先に進めてしまうというのは有効な戦略です。

ただ、「好きな教科ができたとしてもそれに頼り過ぎないほうがいいのでは」という疑問をもつ方もいらっしゃるかと思います。いくら好きな教科で100点に近い点数がとれるようになっても、苦手教科がおろそかになると合計点で不利になってしまうのでは、ということです。確かに、一般論としては、受験に関係のないマニアックな知識までインプットするレベルになるくらいなら、もっと苦手教科をフォローすべきではあるのですが、**発達障害がある子どもにとって、「自分は天才だ」と思うために突き抜けた得意教科をもたせるということはプラスに働くことがあります。**特に理科や社会の場合、自分のことを「物知り」だと思うことができるようになります。

世の中には、そういった理科・社会が得意な人のことを「頭でっかち」のように言う人もいます。これは、要はひがみなので、気にしないですむならばそれが一番いいのですが、感受性が強すぎる子どもの場合、自信をなくしてしまい、得意教科への関心も失ってしまうこともあります。

また、苦手教科のフォローに時間をとられすぎて、得意教科を勉強する時間が短くなり、結果として得意教科がそれほど得意でなくなってしまう人がいるのも確かです。それではもったいないと言わざるを得ません。

確かに、英語と数学が苦手教科になってしまうと選択肢が一気に狭まってしまいますが、発達障害のあらわれ方によってはそうも言っていられない場合もあると思いますので、**得意な部分で勝負できるようにそれを磨くことに注力してみるのも手なのです。**

●学年不問の習い事は試す価値あり

子どもに中学受験をさせてみようと考えている親御さんには、本格的に進学塾に入る前に公文式などに通わせている方も多いと思います。昨今、東大生の３人に１人は公文式経験者だと言われており、注目が集まっています。子どもによって向き不向きがあることは否めませんが、「学年」という概念がなく、自分のペースでどんどんレベルを上げていけるところが発達障害の子どもにとって魅力的なポイントだと思います。もちろん、公文式にも向き不向きがあります。どうしても合わなかったら、別の方法を試してみましょう。

とにかく、**「皆にあわせる」ということに日本人は意味をもたせすぎている**ように思います。そのペースが合っている子どもも多いのですが、発達障害の子どもにとって、「周りと同じ」であることが難しいという問題がありますし、それを押しつけすぎることは心の負担にもなります。

時間はかかってしまいますが、今のお子さんの学習のレベルがどこまで到達しているかを把握しておきましょう。そのうえで、どんどん先に進めそうな教科は先に進ませてしまってください。その場合、学校の授業はあくまでも復習のためだと考えるようにしましょう。

なお、私自身は、公文式には通ってはいませんでしたが（当時の公文式はまだ今ほどの知名度はありませんでした）、先に述べたとおりそろばん塾に通っていました。そのため、暗算のスピードは速く、それが大きな自信になっていました。習い事もさせて悪いということはありませんので、ぜひいろいろ試してみることをお勧めします。

やらせてみて、「どうしても合わない」ということであれば、それは仕方ないと思います。怒るのではなく、別の方法を試すようにしましょう。

4 基礎学力を身につけるための戦略

●まずは「中学受験」の基礎学力を身につけよう

第2章で、発達障害がある子どもの場合、中学受験で不利になることもあるということを書きました。教科書のレベルをはるかに超えるような問題が出ることを考えると、特に算数に苦手意識があると難しいのですが、**中学受験で身につく基礎学力は、後々有利に働きます。**

たとえば、中学受験の国語では、「それ」というのが何を指すのか、段落と段落をつなぐ接続詞は「しかし」なのか「それで」なのかといった基礎的な読解のトレーニングが要求されます。こうして**読解力が身につけば、文章が高度になっても対応できます。**しかし、こうしたトレーニングに取り組めるのは、小学生の間は中学受験塾くらいでしょう。小学校の国語の授業では、「○○君はこのように思っていた」などと漫然と解説するだけなので、中学受験で読解のトレーニングをしている子との差が圧倒的についてしまうのです。この「基礎学力」の有無が、その後の学びに大きく影響してきます。

●中学受験は難しい

中学受験の経験者が中1の時点で有利になっているのは間違いのない事実です。それまでの勉強時間の差もありますが、さらに**中高一貫校が基本的に恵まれていると思うのは、勉強の計画が立てやすい点**です。

高校受験をする人は、どうしても中3の時点で高校受験勉強に多くの時間を割くことになります。そのため、なかなか高1の勉強を先取りしようという発想に至らないのです。難関私立高校を受験する場合など、中学校の範囲を超える学習が必要ですが、数学の場合は出題範囲が厳格なので、どうしても足踏み状態になります。

では、誰もが中学受験をすればいいのかと言うと、そうとも限りません。私も一般論として中学受験を勧めていますが、やはり向かない子もいるというのは先ほどから述べているとおりです。中学受験の算数は抽象思考能力や空間把握能力が高い子どもが有利なので、残念ながらこうしたセンスに乏しい子どももいます。受験に向かない子に無理をさせても、かえって自信をなくし、「自分は頭が悪いのだ」という劣等感をもってしまいかねません。

それでも中学受験に挑む場合は、母集団のレベルが高校受験とは比べ物にならない位高いということを強く伝えることです（失敗したときに励ますための言葉と同じような内容になっていますが、事実として全国的に見ると、中学入試は一部の子どもだけが受けるものだということは間違いありません）。

●「ひらめく力」がなくても、高校受験や大学受験はクリアできる！

発想力などが追いつかずに中学受験のレベルに到達しなかった場合も、中学以降では数学の問題を解くときに方程式を使うことが認められています。そのため、中学以降の数学では、抽象的な発想やひらめきがなくても愚直に解法パターンをマスターすれば、ある程度の点数は獲得できます。

地域にもよりますが、数学で高得点を獲得できるようであれば、上位の公立高校にも大分入りやすくなると思います。このように、**中学受験と比べれば、高校受験や大学受験はひらめきがそれほど必要とされない**ということをまず理解しておく必要があります。

また、中高一貫校でなくても、いまどきは、独学でも勉強できる手段はたくさん用意されています。たとえば、動画を利用した大学受験用の予備校の授業を中3でも受講したいと申し込んでも、おそらく断られることはないと思います。私の主宰する受験勉強法の通信教育（緑鐵受験指導ゼミナール）でも、中学生から志望校と本人の能力特性に合わせて宿題を出しているので、発達障害のある子に向いていると自負しています。

●中学受験をしないなら、「先取り学習」を小学生から始めよう

先取り学習が有利であるということはわかっていただけたかと思いますが、迫り来る高校受験の勉強と並行して先取り学習を進めるとなると、それだけの時間を確保するのは難しいのではないかと考える人も多いかと思います。だとしたら、**お子さんがまだ小学生であっても、得意教科についてはどんどん先取りして、小学5年生くらいから中学1年生の勉強を始めてしまえばいい**のです。

たとえば数学だと、中1で習うのは正負の数や文字式の基本ですから、むしろ中学受験の算数の問題よりもやさしいくらいです。問題集を繰り返し解き、方程式に慣れれば、後々確実に有利です。

どんどん先取り学習を!

中学受験をする人がかけるくらいの時間の半分程度を先取り学習に使えば、**小学5年生からの2年間で、うまくいけば中学レベルを終えることができる**でしょう。そうしておけば、高校受験でもかなり有利になります。国語が苦手な人も、**読解の基礎力をつけるために中学受験用の国語の問題で勉強をし、漢字もしっかり押さえておくと、後々有利です。**

また、ゆとり教育の名残なのでしょうが、公立の小学校では、算数の四則計算がおろそかにされがちなので、速く正確な計算力を中学受験用の問題集で身につけておきましょう。大学入試改革によってセンター試験が変わっても、たとえば大学入試の理科の計算問題は原則的に四則計算ですから、この計算が速く正確にできるほうが有利ですし、できないとかなり不利になります。

中学受験を捨てる覚悟ができて、**「先取り学習」を行うにしても、この段階で小学校卒業レベルに達していない場合は、その現実を素直に受け止めて、下の学年からやり直していきましょう。**追いつけばもちろん問題ありませんし、そうでなくても「得意教科は負けない」という自信をもてるようにしておければいいと思います。

また、教育改革の目玉として、英語の学習が前倒しされることになりました。中学受験でも英語を取り入れる学校が出始めましたが、まだ少ない状況です。そのため、中学受験対策で精一杯の子どもは、英語の手を抜く可能性があります。

英語は中学受験を「しない」子どもが、優位に立てる可能性のある教科です。詳細は第4章で書きますが、大いに前倒ししてしまうことをお勧めします。

あとは、なるべく早めに大学受験の志望校を決めておくことです。

行きたい学校の受験科目や出題傾向、合格者の最低点（すべて「赤本」と呼ばれる過去問集に出ています）を把握できれば、中高の6年かければ、発達障害の子どもでも、かなりのハイレベルな大学に合格できるでしょう。

私の主宰する通信教育では、その分析や課題作成の代行をやっているのですが、自信がない場合は、そういうものを使うという手もあります。

●完璧を求めすぎずに、できることからやっていこう

ＡＤＨＤの人は、自分の興味のないものについては集中しにくい傾向があります。さらに時間感覚も乏しく、見通しを上手に立てるのが苦手とされています。そのため、「大学受験に向けて先取りをせよ」といっても、長期的な目標を立ててその中で進めていくことは、かなり難しいことのように思ってしまいがちです。

逆にＡＳＤの人は、とにかく厳密に進めていこうと考えてしまい、1分1秒でも遅れないようにすることへの執着が強すぎて、ときに守れないことの不安やプレッシャーに押しつぶされそうになりがちです。それぞれの特性に応じて、学習計画を立てていく必要があります。

ただ、前述のように6年をかけて大学受験対策をするというスタンスでいれば、必要以上に子どもにプレッシャーを与えなくてすみますし、親も焦らなくてすみます。学習計画についてはあまり厳密に考えるより、「できることからやっていく」というスタンスが発達障害の子どもには向いていると思います。

ＡＤＨＤの子どもの場合、土壇場で驚異的な集中力を発揮して、テストでは好成績

を収めることができても、宿題を提出し忘れていたりして、内申書での学校の成績は実力どおりの評価がされないことがあります。

学校の成績については、これまでに述べたとおり、あまり気にしなくていいと思います。私も、特に高校生には「もう学校のテストは赤点スレスレでいいよ」とアドバイスすることがあります。つまり、最低限、進級に必要な点数をクリアしておけばよく、あとは志望校に照準を合わせた勉強をすればいいのです。

ときどき、中間テストや期末テストの直前に徹夜したり、食事を抜いたりして勉強に取り組むケースも見られますが、こうした生活リズムの乱れは、勉強の効率を落とす元凶になります。徹夜で勉強すると、勉強した内容が記憶として定着しないため、かえって成果に表れないことが多いのです。それだけでなく、翌朝以降に疲労が残るため、勉強の効率が落ちる傾向にあります。

もちろん、勉強にノッているときには無理に中止して寝なくてもいいでしょう。私も中高生時代、調子がいいときは夜中までよく勉強していました。しかし、基本的には極端な差をつけないで勉強を継続するほうがいいと思います（ＡＳＤの場合は、あまりにも几帳面に管理しすぎないように気をつけましょう）。

●規則正しい食事と睡眠が大事！

生活リズムを維持するうえで効果的なのは、３度の食事を決まった時間にきちんと食べる習慣を身につけることです。朝食を抜いてしまう子どもも多いですが、朝食を抜くと、前日の夕食からの時間が空きすぎて低血糖状態となり、集中力も低下します。

文部科学省の「平成31年度（令和元年度）全国学力・学習状況調査」によると、朝食をきちんと食べている生徒のほうが、食べていない生徒よりもテストの正答率が高いそうです。これについては「朝食をきちんと食べさせている家庭では、食べさせていない家庭よりも、教育にも投資しているし熱心だと考えられるから、成績が上がるのではないか」という意見もあります。因果関係ではなく相関関係なのではないか、ということですが、いずれにせよ、朝食を食べている子どものほうが食べていない子どもよりも成績がいいのは事実ですので、食べておくにこしたことはないでしょう。

３度の食事を決まった時間にとれば、生活のリズムも自ずと整ってきます。食事をきちんととり、規則正しい生活をすることが、勉強を効率的に進めるための基本なのです。

また**最近、夜寝る前の勉強が記憶の定着に非常にいいと注目されています。「覚え物は夜」という学習リズムも賢明です。さらに、朝の勉強も習慣化したいところです。**

前日の復習をすることで記憶は確実なものになりますし、朝に計算問題を解くと脳が活性化されると言われています。睡眠をはさんで記憶を定着させるということを意識しましょう。

●早めに大学受験の準備を！

高校時代の勉強で大事なことは、**いかにして大学入試本番で合格最低点以上を獲得できるようになるか**です。そのために学校の勉強が役立つならばいいのですが、そうならないのであれば、受験勉強を優先して多少学校の成績が悪くても問題はないと思います。実際には、こういう勉強をしていても、学校の成績もそれほどには悪くならなかったりします。なぜなら、テストで点がとれるからです。逆に言うと、それで点がとれないテスト問題は、他の人も解けません。正答率も低いと思うので、ますます気にする必要はありません。

しかし、どういうわけか、多くの生徒が受験勉強よりも学校からの課題を優先してしまいます。私が主宰する通信教育（志望校対策の宿題を出します）でも中途退会の理由の多くは学校の勉強との両立ができないということのようです。必死になって学校の宿題をこなしているうちに、受験勉強を優先すれば受かったかもしれない志望校へのチャレンジすら諦めてしまうのです。これは、非常にもったいないことだと思います。

学校関係者からは不興を買うことはわかっていますが、現実問題として、高3になったら、学校の授業をまともに受けている場合ではありません。よほど授業が面白くて息抜きになるか、受験テクニックに長けた名物教師（かつての名門公立高校には、そういう先生が多数いたようです）の授業など、例外はあるかもしれませんが、**高2の後半くらいからは本格的に大学受験の準備に取りかかるようにしましょう。**

●塾・予備校選びのポイントは？

中学受験をする場合は、塾に行くことがほぼ必須とされています。高校受験や大学受験でも塾や予備校に通う人が多いでしょう。発達障害の子どもが塾に通うにあたって重要なポイントとしては、「塾が受け入れてくれるかどうか」「子どもが喜んで通うかどうか」です。

塾は基本的に一対多数ですので、一人ひとりにあわせて授業を進めてはいきません。そのため、**得意科目は問題がなくても、苦手科目では授業についていけなくなる可能性もありますが、「それでもよし」と言ってくれる塾が頼もしい**と思います。苦手科目を無理に克服させようとする塾の場合、勉強時間が増えたわりにあまり成績が伸びないということもあり得ます。

長時間じっとしていることが苦手な場合や、聴覚よりも視覚のほうが優位の場合は、授業を聴くよりも自分のペースで勉強したり、参考書を読んで勉強したりするほうが効率的であることもあります。そのため、授業の拘束時間が短くて宿題が多い塾や、自分のペースで学びやすい録画授業の予備校などを選ぶのもいいかもしれません。また、多くの塾・予備校には自習室があるので、そこを活用して自分のペースで得意教科をどんどん進めていきましょう。もちろん、先に述べた私の（講師は東大生ですが）通信教育も、一人ひとりに違う宿題を出すので、合う確率は高いと信じています。

一方で、聴覚優位の場合は、参考書を読んでも内容が頭に入ってこないこともあります。この場合は、授業を聞いて初めて理解できるということも多いので、塾に通って授業を聴き、復習中心に勉強するスタイルが合うと思います。

5 いろいろ試して自己肯定感を高めよう

●絶対の勉強方法はない

効果的でない勉強法にこだわってしまい、勉強時間の割には成果が出にくい、ということがあります。それでも過集中でずっと同じ勉強法にこだわり続けることで、効率は悪くても成果が出る可能性はもちろんゼロではありません。その勉強法が子どもにとって心地よい場合、無理に否定をするのは逆効果になります。

たとえば、国語力を伸ばしたいとしましょう。国語力をつけるのに効くのは、何と言っても語彙を増やすことです。そのためには、当然ですが漢字も覚える必要があります。そして、漢字を覚えるためにひたすらその字だけを何度も書き続けるとしましょう。しかし、漢字には音読みだけではなく訓読みもあるものが多いので、実際にどのような文章で使われるのかを知らなければ効率的に覚えることはできません。そこで、書き順などをある程度覚えてきたら、熟語や、例文を書いてみるのが一般的な練習方法なのだと思います。

しかし、**とにかく「タスク」をこなすことに快感を覚えるタイプの子の場合、「何回書き取りをこなしたか」という事実の蓄積こそが、何よりも本人の自信に繋がります。**それだけでは実際に使えないような気もするのですが、そう言ってしまうとその子の勉強法を否定してしまい、自尊感情も損なってしまうので、まずは応援するしかないかもしれません。

繰り返しになりますが、発達障害はまさに発達のバラつきであり、人によって違うのです。「絶対にこういう方法で矯正しなければならない」と思うのではなく、周囲の協力も得ながら、子どもと向き合っていくことが大切です（ただし、へんとつくりの位置が正しくわからなかったり、とめやはねを正しく書けなかったりこともあるので、そういう場合はまた別の対策が必要になります）。

それでは結果が不安だ、という場合は、**こまめに小テストを入れたりして、成果のチェックをしてみてはいかがでしょう。**それで、どこが得意で、どこが苦手なのか、考えてみましょう。

「今の方法でうまくいっているのであればそれを続け、そうでないなら別を試してみる」という柔軟性が大切です。

さらに、できたところを褒めて、成果が出たことを一緒に喜びましょう。できなかったところは、たとえば漢字であれば、もう一度根性で進めてもいいかもしれません。まったく同じテストをもう1回やってみて、できなかったところが減ったことを褒める。そうして前進した成果を、画用紙などに記入して塗りつぶしていき、こういった表やグラフを征服していくことを楽しんでみるという方法はいかがでしょうか。発達障害であってもそうでなくても、できることが増えるのを褒めて喜ばせるというのは、自己肯定感を高めるための定石です。

●自分の教育方法に自信をもとう

以前、ある雑誌の企画で佐藤亮子さんとの対談の機会を得ました。彼女は、当時3人の息子さんを全員灘校から東大の理科Ⅲ類（医学部進学コース）に入学させたことが話題になっていました（その後、お嬢さんも理科Ⅲ類に入学しました）。佐藤さんの話を聞いてみると、彼女は私が考える「理想の教育ママ像」にある条件のいくつかと一致していたのです。

1つは、彼女は子どもの能力と自分の教育方法に対して、健全な自信をもっていたということです。自信がないと、子どもの成績が少し落ちただけですぐに諦めてしまい、挫折につながってしまいます。**2つ目は、子どもの勉強法をいくつも調べて、子**

どもに合った方法を試し続けていたということです。佐藤さんは、私の本も参考にしたとおっしゃっていましたが、いいと思うところは試すし、そうでないところは他の人の勉強法も参考にしたそうです。そして、4人の子どもにすべて違った勉強法を提供したと言います。

私も、自分の勉強法の信者になってもらうよりも、読者の皆さんの子育てが成功するほうが嬉しいので、この考え方にもろ手を挙げて賛成しました。先ほども言ったとおり、発達障害は人によって千差万別です。ぜひいろいろな勉強法を試していただければと思います。

第4章

国語・算数・理科・社会・英語…どう学べばいいの?

第4章のポイント

●国語は語彙力が命。漢字や熟語、ことわざを覚えるだけでも力は向上する。心情読解が苦手でも、論説文は伸ばすことができる。

●算数は計算力が命。そのうえで解法パターンを暗記すると飛躍的に伸びる。図形は発想力が問われるが、高校受験、大学受験では逆転可能。

●理科、社会が好きならばどんどん先取りさせると自信に繋がる。

●英語は早い時期から先取りさせる。できればアメリカの教科書を手に入れよう。

発達障害の程度や様相は、人によって異なります。そのため、人によってはどうしても勉強法が合わないことがあります。その場合は、別の方法を試してみて、合うと思う勉強法を探ってみたり、あわせて学校の先生や療育センターに相談してみたり、いろいろな策を講じてみてください。お子さんの様子を見ながら、使えると思う部分を使っていただければと思います。

また、大きな書店には「特別支援教育」のコーナーがあり、そこには発達障害の子ども向けの学習ドリルなども置いてあります。見た目はやや地味なものが多いのですが、特別支援教育に実績をおもちの先生方が試行錯誤を重ねて形にしたものですので、質の高いものが多いようです。ぜひ試してみてください。

1　まずは国語力が大事！

国語力はすべての勉強の基盤になるものなので、早めに始めることをお勧めします。まだ小学校入学前であっても、どんどん勉強を前倒しにして学習を開始してしまいましょう。仮にそこで発達障害などに気づいたとしても、早めに手を打てるのです。
以下、家庭でできそうな国語力アップ作戦を紹介します。

●国語は語彙力が命！

入試で出題される国語の問題を解くには、語彙力と論理力が必要だと言われています。しかし、**論理的思考の前にまず語彙を増やしていくことで、読むことへの抵抗感は減っていきます。**特に、「9歳の壁」以前の子どもの暗記力はものすごいものなので、この時期にたくさんの漢字やことわざを覚えて語彙を増やしておけば、一生の財産になるでしょう。

ASDで暗記が得意な子どもであれば、歴史の年号などと同じように、語彙を増やしていきましょう。そうすれば小説は苦手でも、論説文は次第に得点できるようになっていくはずです。かるたなどで、楽しみながら語彙を増やしていくのがよいでしょう。また、最近は小学生向けの語彙力強化テキストも増えているので、ぜひ興味のあるものに取り組むことをお勧めします。なお**その際は、丸暗記ではなく漢字や熟語の意味や例文を教えてあげることで、語彙になるようにしてみましょう。**

教材（特に小学校低学年までのもの）は、あくまで親御さんが子どもに勉強を教え

まずはかるたなどで語彙力を磨こう！

るための道具です。そのため、親御さんが内容をしっかりと確認し、「ご自身が子どもに教えやすいものになっているかどうか」という視点で選んでください。やらせっぱなしではいけません。

①言葉遊びを活用する

知っている言葉が順調に増えているかどうかをチェックする方法として、しりとりなどの言葉遊びを活用してみましょう。しりとりは、多くの親御さんが子どもに言葉を覚えさせる時期に活用しますが、同時に、語彙力が順調に養われているかどうかを確認することにも使えます。

しりとりをやっている最中に、少し難しいと思う言葉をあえて言って、子どもに新しい言葉を覚えさせる機会にすることもできます。その他にも「野菜の仲間」「「お」で始まる言葉の仲間」など、テーマを決めて言葉を言わせると、ゲーム的な要素もでてきて楽しくなります。「〜の仲間」は、言葉が出てこないときには図鑑を見せるなどすると、図鑑を読むきっかけにもなります。

②指示語をできるだけ使わない

その他、日常的な心がけとしては、指示語をできるだけ使わないようにして、具体的な物の名前で言うようにすると、語彙が定着していきます。「それとって」ではなく、「お皿をとって」あるいは「丸いお皿をとって」などと言うようにする、ということです。形容詞までつけると面倒だと感じてしまうかもしれませんが、これでまた語彙も増えて、形状への理解も深まるのです。

●読む力を身につけよう

小学校入学前でも、入学後であっても、読書の最初の入り口は絵本の読み聞かせです。まずは親御さんが読み聞かせをしてあげましょう。子どもが気に入っているものを何回も読んであげるのです。

子どもは喜んで聞きますし、何回も読んで聞かせることによって、言葉と物語を自然に暗記していきます。読み聞かせる本のレベルを少しずつ上げていきながら、読み聞かせから子ども自身の音読へシフトしていきましょう。

もちろん、発達障害の子どもの中には、読み聞かせを嫌う子もいます。そういう場合は、無理強いをしないで数遊びをやるなど、本人が喜ぶ勉強に切り替えましょう。

①文節で区切る

音読では、まずは文節で区切ることを意識しましょう。親御さんが小学生のとき、文節ごとにスラッシュを入れて読ませたり、文節の間に「ね」を入れて読む訓練などはされたりしなかったでしょうか。「ね」を入れて意味が通じるところが文節の切れ目であり、この指導法は文節ごとのまとまりを捉えるうえで大きな効果があります。

②黙　読

音読が慣れてきたら、次は黙読です。黙読のほうが音読より早く読める、という感覚を味わってもらうために、音読をしていた本を黙読させます。それに慣れてきたら、興味がありそうな本を読ませましょう。**本のジャンルは、子どもが好きなもので大丈夫です。**好きなものにとことんはまってもらえばいいのです。

たとえば、「図鑑ばかり読んでいて、物語をまったく読まない」などと不満をもちがちな親御さんもいらっしゃるかと思いますが、まずは本を好きになることが第一。他の本を読んでほしいという気持ちがあっても、子どもの好きなように読ませましょう。公共図書館には小さな子ども向けの本が揃っていますので、保育園や幼稚園に通っているうちから折を見て通わせるのがお勧めです。

また、市販の教材でも、語彙力を増やすものや物語や論説文の要約力を身につけるためのメソッドを紹介したものが多数出ています。**理解してまとめる力は、一生役立ちます。**親が見てよさそうだと思うもので大丈夫ですので、購入して取り組ませてみましょう。そして、要約をするためには、次に説明する書く力が必要になってきます。

●書く力を身につけよう

語彙が増えてくると、子どもはそれを使ってみたくなるはずです。小さい割に難しい言葉を織り交ぜながら話をする子どもがいますが、そういう子どもは難しい言葉を早いうちから記憶しており、それを使っているのです。

また、言葉を知るようになると、自分で文章が読みたいと思うようになるでしょう。そこで、小学校入学以前であっても、ひらがな・カタカナをはじめ、文字を教えていくとよいでしょう。文字を知って文章が読めるようになったら、文章を書く練習に進んでいくのです。

①絵日記を書こう

絵日記を描かせてみるのもお勧めです。文字で書いている内容に映像を重ねることができ、視覚情報と文字情報を一致させることができるようになります。教科書で挿絵と文章を追うのが苦手な子どもにも効果があるかもしれません。

②物語を書こう

さらに、**お子さんと一緒に物語を書いてみるのはいかがでしょう**。短くて簡単なもので大丈夫ですので、絵本のストーリーを書くような気持ちで文章を綴らせてみましょう。書く力と読む力はリンクしていて、文章を書くことに慣れてくると、「どういうリズムが一番いいのだろう？」ということが気になりはじめます。すると、文章を読むときにもリズムが気になり、次第に読むスピードも速くなっていきます。

子どもは文章を書くのが苦手なものです。読書感想文などを見れば顕著ですが、本文をそのまま書き写したり、事実を列挙したり、感想が「楽しかったです」や「嬉しかったです」になりがちです（しかも、ホンネを尋ねてみたら、案外そうでもなかったりします）。その点を理解したうえで、少し上手くなったら喜ぶという対応を積み重ねてください。

③話したことを文章にしてみよう

いきなり皆が感動するような文章を書けるレベルに到達させようとするのは難しいのですが、**まずは「ディクテーション（口述書き取り）」をやってみるというのはどうでしょうか。**親御さんが話した言葉を、書き取らせるのです。ある程度以上の長さのディクテーションは言葉の内容を理解して覚えていないとできないので、読解力も高めるとされています。ただ、発達障害の子どもの中にはワーキングメモリ（一度に記憶できる分量）が少なく、聞いたことを覚えることに困難がある子もいます。あまりにも辛そうであれば、専門家に相談してみましょう。

これに慣れてきたら、課題文を読ませて、それに対して初めに思ったこと、考えたことを話してもらいます。そして、**話したことを文章にするトレーニングをするのです**。こうして、まずは思ったこと、考えたことを文章にすることができるようになれば、次第にうまく表現する、人が読みやすい文章を書くといったトレーニングに入っていくことができます。ここまでくればしめたもの。この部分については、発達障害の子ども向けのテキストだけでなく、定型発達の子ども向けの文章トレーニングの本を読んでいただければと思います。

●漢字の書き取りは熟語で練習！

ひらがな・カタカナを覚えたら、次は漢字です。昔、漢字の書き取りと言えば、一文字一文字をひたすら練習させられたものです。しかし、そのやり方で本当に覚えられるでしょうか。たとえば、「先」を見てみましょう。「さき」という訓読みもあれば、「せん」という音読みもあります。漢字一字だけの書き取りを続けていると、「さき」なのか「せん」なのかがわからなくなってきますし、書き取りもだんだんと雑になってきます。最終的には何をやっているのかわからなくなり、単なる反復運動になってしまうかもしれません。

また、気が散りやすい子どもにとっては、同じことを何度も繰り返すことはとても辛いことです。それであれば、少し練習したあとは、**熟語で書き取りの練習をさせてみましょう。**熟語を書いていると、今度はその熟語を何と読むのか忘れることもあります。その対策には、**知育教材が役立ちます。高いものでもないですし、楽しんで勉強できるものですので、ここでの出費を惜しんではいけません。**『熟語トランプ』（ビバリー）などが有名ですが、気に入ったものを買えばいいでしょう。

これはどの教科にも言えることですが、**忘れてしまうことは怖くありません。むしろ、何を忘れやすいかを知ることが大切なのです。**うっかりミスを減らすことと同じです。そのため、確認テストをしてみて、書き取れなかった漢字は何か確認し、これを何度か繰り返していくうちに、何度やっても書けない漢字というものが絞り込めてきます。「またこの漢字が書けなかった！」と思うと、その漢字を意識するようになるでしょう。そうなれば、もう覚えたようなものです。

●中学入試の過去問を解こう

こうして、読解や作文のスキルが身についてきたと思ったら、**中学受験の過去問に取り組んでみましょう。**過去問は、論説文を読み解くのに最適な教材となります。「読む」ことと「解く」ことは違います。**解くことで、国語力が伸びていくのです。**

指示語や接続語への理解も一気に深まることでしょう。さらに、「この文に題をつけるとすれば何か」などといった問題も出てきますが、この力は一生役に立つものです。最初は難しいと感じるものですが、具体化と抽象化を適切に行き来できるようになれば、高得点が獲得しやすくなると思います。そのためにも、抽象的な概念を示す語彙を増やすことを意識しましょう。

なお、論説文については、ある程度数を読んでくると、題材とされるテーマが似通っていることがわかってきます。そのテーマには大体支配的な通説があって、それに対して筆者が賛成の立場をとっているのか、反対の立場をとっているのか、はたまた斜めから切り込んでいるのかを見抜くことができれば、その論説文は半ば攻略できたと言っても過言ではありません。

そのため、**議論の対象となりやすいテーマについての知識を増やしておくことをお勧めします。**とにかく知識を増やすことに喜びを感じるようであれば、新聞を読ませるのはもちろん、子ども用のニュース年鑑や学習年鑑などを読ませても効果的です。子どもと話をしていると、興味のあることについて話をしてくるでしょうが、興味のあることをさらに深められるように、一緒に調べてみましょう。

なお、**中学入試の過去問は、中学受験をしない場合であっても国語力の基礎力を身**

につけるうえでとても役に立ちますので、しばらく活用しましょう。難関私立中学の国語も問題なくクリアできるようになってきたら、難関私立高校の入試問題や、大学入試の読解問題対策問題集などに取り組んでみるのも有効な勉強法です。

もちろん、発達障害の子どもには大きな個人差がありますから、やらせてもできない場合は、無理をせず、他の科目で勝負するという発想も大切です。

●古文を得点源にしよう

古文は中学校以降の学習範囲になりますが、複雑な心情読解などを問われることはあまりなく、文法の決まりが理解できていたり、主語と述語の対応を追うことができて文意を掴むことができれば十分解けるものが多く、現代文ほどセンスが問われません。**そのため、勉強すれば得点につながりやすいと言うことができます。**

中学受験をしないという選択をした場合、早めに勉強を始めてもいいと思います（ただ、高校受験をクリアするという意味でも、将来役に立つという意味でも、先取りするなら英語を優先したほうがプラスでしょう）。

しかし、お子さんが既に中学生以降になっている場合、古文もしっかりやっていきましょう。古文の勉強は、大きく次の3段階に分かれます。

①文法と最小限の古文単語を暗記する。
②古文を読みなれる。
③問題を解きながら覚える。

基本的には、①と②は授業で押さえておきたいところですが、現実には自習のほうがはるかに有用です。なお、「文法を完全に暗記しないと先に進めない」という思い込みは捨てることが大切です。古文が苦手な人は、①の段階でつまずいてしまうケースが多いのです。高校入試くらいまでは、難しい文法を覚えていなくても、何とかなるものなのです。

そこで、とりあえず文法を一通り勉強したら、まだ完全でなかったとしても、②の練習に入っていきましょう。教材は学校で使われている教科書で大丈夫です。検定教科書の場合はガイド本が出ていますので、そちらを併用するのも手です。古文の読み方を確認しながら、①で覚えた文法の復習と、新しい文法を覚える作業を並行して行います。今はネットでも活用表一覧などが出ていますので、最終的には活用表を暗記できていることが望ましいです。

ある程度古文を読むことに慣れてきたら、③実戦形式の問題にチャレンジしてみましょう。古文の単語集は、②→③を進めるときに、辞書代わりに使いながら1冊マスターします。単語集は、ごろあわせで覚えるものや、例文で覚えるものなど、さまざまなタイプがありますが、これも好みに応じて選びましょう。古文の試験では、単語の意味や古文常識を知っているだけで対応できることがあります。

2 国語の学習に困難がある場合は？

●幼児期にLDが疑われるのは言葉の問題が多い

国語については、あまり勉強していないのに点数をとれる子どももいれば、どんなに勉強してもなかなか点数に結びつかない子どももいます。これには好き嫌いやセンスの影響も大きく、気にしすぎるとかえって国語嫌いになってしまいます。こうした場合は、テクニックで確実にカバーできる部分を強くしていきましょう。

しかし、どう頑張っても音読がうまくできない、あるいはひらがなや簡単な漢字を正しく書けないという場合には、発達障害が疑われます。幼児期の小児科検診で疑われるのはＡＳＤ、ＡＤＨＤが主であって、ＬＤについては学校の勉強が始まってから気づくことが多いのですが、**言葉の問題は幼児期の段階で気づくことも多い**のです。

聞く力、話す力に問題があれば、読む力、書く力にも問題が出るおそれが高くなります。早い段階で発達障害に気づいた場合は、専門的な療育センターに相談することをお勧めしますが、学習を始めた頃に問題がありそうだと気づいた場合も、できるだけ早く学校の先生などに相談しながら対策を進めていくようにしましょう。

●読むことが苦手な場合

一方、会話は普通にできるのに、文字を読むことや書くことが苦手という子どももいます。ＬＤと診断された場合はもちろん専門の対策が必要ですが、それほどではない場合でも、苦手意識がある場合はそのための対策があります。

まず、読むことが苦手な場合です。「読む」とは、書かれた文字を音に置き換えることと、文字の意味を捉えることが合わさった作業です。読むことが苦手なのは、書かれた文字を目で追いながら意味のまとまりとして捉えることができない、あるいはそれが遅いということです。

知的遅滞がなく日常会話ができる場合は、単純な語彙不足か、あるいは文字のまとまりを一気に捉えることが苦手である可能性が高いです。語彙不足でもない場合には、**ディスレクシア（識字障害）という学習障害の可能性もあります。エジソンにもこの学習障害があったという説があります。**語彙が不足している場合であれば増やしていくしかありませんが、文字のまとまりを捉えることが苦手な場合は、まずは音読のお手本を示して、繰り返させてみましょう。

しかし、学習障害がある場合、それだけでは効果が実感できないことも多く、早めに専門家に相談だけでもしておいたほうがいいのですが、授業はその間にも進んでしまいます。ですから、家庭でもできることをやっておきましょう。

繰り返しになりますが、発達障害と向き合うためには「学年」の縛りから自由になることが大切です。**時間があれば、ぜひ小学校入学前の幼児を対象にした国語の知育教材に戻って学習することをお勧めします。**

恥ずかしがる必要はまったくありません。なぜなら、こういった知育教材は「小学校に入ったときに学ぶことを先取りするためのもの」だからです。入学前に一歩や二歩リードするためのものなので、小学校で学ぶ内容をさらにわかりやすくしたものだと思ってください。

パソコンとプリンターで大きな文字を打ち出そう

こうした教材には、大きなフォントで文節ごとに区切ってある文章が載っているものがあるので、練習してみましょう。『おんどくれんしゅうちょう』（学研プラス）など、多くの教材が出ています。

●文節を意識しよう

教科書の音読で苦労する場合に役立つのは、**パソコンとプリンター**です。小学校１、２年生くらいの国語の教科書であれば、一つの作品の文字数は多くありません。**面倒かもしれませんが、親御さんが教科書の文章をワードで入力してしまうのです。そして文節ごとに区切り、その都度改行します。もと**

もとの改行は1行空けます。最後に文字を大きくして、プリントアウトしましょう。紙が何枚かになるかもしれませんが、問題ありません。1行がひとまとまりだ、という安心感をもたせて、一緒に音読してみましょう。

まだうまくいかないようであれば、文字をさらに大きくしていきましょう。これが問題なく音読できるようになって、ほぼ覚えたと言える状況になったら、もとの教科書に戻って同じように音読させます。

最初は戸惑うかもしれませんので、学校でもよく行われているように鉛筆で文節ごとにスラッシュを入れてみると、文節ごとに改行してみせたものと同じであることが認識できます。音読のときに、読んでいる文字を人差し指でなぞるようにすると、より文字を把握しやすいでしょう。

これで苦手意識が薄れてきたら、スラッシュも消します。また、他の行に目移りしてしまって正しく読めなかったりする場合は、1行おきに蛍光ペンでマークするようにすると、自分がどの行を読まなければいけないがわかりやすくなります。また、それだけでは不安な場合は、読んでいる行に定規をあてて、行が進むに従って定規もずらす、などの方法があります。お子さんがＬＤでなくても効果的な勉強法だと思いますので、ぜひ試してみてください。

●書くことが苦手な場合

中には、読むことができても書くことができない子どもがいます。最初から文字を書ける子どもはいません。まずは話し言葉を覚え、その後に書き言葉を覚えます。そのため、「書くのがちょっと苦手」ということであれば、**「まず書こうと思ったことを言葉にしてみて、その言葉を文字にしよう」**とアドバイスをしてみましょう。

そう言うと「あれ？　何を書きたかったんだろう？」と混乱してしまう子どももいますが、そういうときは落ち着いて思考の順序をなぞってあげましょう。しかし、それで言葉にできても文字にできない、あるいは漢字を正確に書けないというときは、別の対策が必要です。

最近は仕事でも文章を手書きで書くということはほとんどなくなったので、漢字を忘れてしまう大人も増えました。ときどき手書きで何かを書かねばならないときに漢字を忘れてしまい、スマホで検索して書く方も多いと思います。

では、それでなぜ大人は書けるのでしょうか？　その漢字を知っているかどうかはさておき、大人はへんやつくりなどで構成される漢字というものの大まかなイメージができあがっているので、部品を組み合わせて書くことができるのです。

しかし、ＬＤの子どもの場合、視覚情報処理能力が弱く、へんとつくりを逆にしてしまったり、反転してしまったり、とめやはねを正確に書けなかったりします。視覚情報処理能力が弱い場合、**画用紙一杯にマジックで漢字を書かせる練習をしてみると効果的**です。その際、親御さんが見本を見せてあげましょう。大きな紙に書くことで、全体像を把握しやすくなります。

　また、何度も書き取りすることを嫌がる場合は、書き取りは2、3回でも大丈夫です。1回目でうまく書けなかったときには、どこが失敗して書けなかったのかをアドバイスします。2回目、3回目と進めていく中で、失敗したところがうまく書けるようになったら、褒めてあげましょう。**できなかったことができるようになるということは、子どもにとってとても嬉しいことなのです。**

　この漢字の書き取り練習のときに、**子どもが聴覚優位か視覚優位かで少し教え方が変わります。**発達検査で確かめる方法もありますが、ご家庭でも子どもがどちらのほうが得意かを探っていくことが可能です。たとえば、聴覚優位の子どもに「先」という漢字の書き取り方を教えるとき、書き順に沿って

タイプに応じた文字の練習方法

「はらい、よこ、たて、よこ、はらい、はね」

とリズミカルに何度か言い、それをゆっくり何度か書いて見せて、書き取らせる、という方法があります。一方で、視覚優位の子どもに「神」という漢字の書き取り方を教えるときは、

「ネ＋申（もうす）」

と教えるといいでしょう。「公」であれば、「ハ＋ム」といった具合です。ただ、上下に組み合わせるか、左右に組み合わせるかについては覚えてもら

うしかありません。そのため、漢字をばらしたカードを用意して、正しい文字を組み合わせてみる、などの練習も効果的です。こちらも「漢字博士 入門編」（奥野かるた店）など、市販の知育教材が販売されていますので、そちらを活用してみましょう。

●書き取りに苦痛を感じる子への対処法

何度も単語の書き取りをすることに苦痛を感じる子どもであれば、**書き取りの回数を減らして、その代わりに確認のテストを増やしてみてはいかがでしょう**（過集中タイプの場合、手が痛くなるまで書き取りをしないと気がすまない、という子もいたりします。効率的かどうかはさておき、それで本人が満足ならば、無理に止める必要はありません）。

一般的には、「漢字や英単語の書き取りは、前日の夜に記憶したことを翌朝復習し、一週間後にもう一度復習しましょう」と指導されることが多いと思います。第3章でも説明したように、夜覚えたことを翌朝確認する勉強法は効果的です。ただ、その後の復習の最適な周期が子どもによって異なりますので、**漢字を勉強した翌朝に加えて、その日の夜にもう一度やってみて、その数日後に再確認し、わからなかった漢字は再度練習、などのようにアレンジしてみましょう。**

●文章を読みきるのが苦手な場合

学校で使われる教科書以外にも、ぜひ多くの本を読んでいただきたいと思います。教科書と読書感想文の課題本しか読まない子と、自分で図書館に行って多くの本を読む子とでは、大きな差がついてしまいます。

しかし、読書に苦手意識が残ったままだと、図書館へも足が向きにくいと思います。図書館に行くとお勧めの本などもありますが、最初はぜひ親御さんも一緒に本を探してみてください。主にＡＤＨＤの子どもにありがちなことと思いますが、**黙読をしている際にふと別のことを思い出したりして気が散ってしまったり、最後まで読みきる前に集中力が切れてしまう子どもも多いと思います。**ですから、まずは**短い文章から初めて少しずつ長いものを読ませるようにするのが基本です。**

また、分量が多くなってきて一度に読みきることが難しそうな場合は、「**今日は●ページの○行目から△ページの▲行目まで読もうね**」と、課題の始めと終わりを明確にするといいでしょう。「課題」がないと、どのくらい読めばいいのかがわかりにくく、やる気が起きにくいものですが、ゴールが決まるとやれるものです。最初は少なくてもいいですし、子どもが「ここまで読んじゃったけど、もっと読めそう！」と言ったら、さらに読ませても構いません。

課題で読ませたページ数もグラフなどにできれば、「この前の3倍読めたね！」などと褒めることができます（ここで具体的に増えたページ数を褒めるか、倍数で褒めるかは算数の進捗にもよりますが、ついでなので算数の感覚も刺激しましょう）。

集中力が途切れた場合は、怒らないで休ませていいと思います。歩き回るようであれば、一緒についていって話を聞いてあげましょう。あるいは、歩きながら音読させてもいいかもしれません（この場合は、つまずいて怪我をしないように気をつけましょう）。この「話を聞く」ということがとても大切なことで、聞いてもらえたと思うと、次の勉強にも身が入ります。誰でもそうですが、**承認されていると思うと嬉しくなるのです。発達障害の場合は、特にこれに気をつけたいものです。**

●心情理解が苦手な場合

主にＡＳＤの子どもは、小説などの心情理解を苦手とする傾向にあります。私もそうでした（私はＡＤＨＤが主でしたが、ＡＳＤも重複していたと思います）。心情読解についてはどうしても得意不得意があり、論理的思考だけでは説明しにくい部分もあるため、訓練を積んでもテストの得点に繋がりにくい場合があります。ですから、そうであっても「気にしない」ことをお勧めします。苦手なものは仕方がないのです。**私もそう開き直りましたが、灘中にも東大の理科Ⅲ類にも国語の心情読解ではほとんど点を取れなくても合格しました。**

中学受験などに必要なレベルには到達しなくても、学校のテストや高校入試までには間に合わせるコツなどはあります。中学受験や高校受験の過去問を解いてみて、答えと解説を読んで「考え方・解き方のポイント」を覚えるのも手です。**解説からテクニックを学ぶのは常套手段です。**

なお、ＡＳＤやＬＤの子どもの特徴として、「慣用句や比喩で言われると、それを真に受けてしまってコミュニケーションがちぐはぐになる」ということがあります。その苦手意識を払拭するために、知育系のおもちゃを使ってみてもいいでしょう。

有名なのは「慣用句かるた」（奥野かるた店）や、「日本のことわざかるた」（西本鶏介文・編／いもとようこ絵、ポプラ社）などでしょうか。「猫をかぶる」という言葉を初めて聴いたときは混乱するかもしれませんが、こういう言葉の語彙を増やすことで、小説への抵抗感を減らすこともできます。

比喩表現についてですが、たとえば比喩の部分に線を引いてみせて、別の言葉で言うとどうなるか、などを説明していくと、比喩のニュアンスが掴みやすくなります。

ここでもやはり、語彙力が重要となります。

当然、子どもに教える親御さんにも語彙力が求められることになります。「そこまでうまく教えられる自信がない」と思われるかもしれませんが、**国語辞典と漢和辞典を用意しておけば、ある程度は対応可能です。**今はスマホでも調べられますが、子どもも勉強することを考えると、お金を惜しまずにしっかりとした辞書を購入したほうが安心だと思います。

また、絵本を音読するときに、絵の説明を一緒にしてみましょう。嬉しい、悲しい、楽しいなどの感情を説明すると、「そうか、こういうときはこういう気持ちになるんだ」ということを（理解できるかどうかはともかく）知ることができます。

とは言え、国語は、絶対に点数が伸びるとは言えない科目です。発達障害の種類によってはその傾向が強いので、もしダメでも気にしすぎる必要はありません。効果がなければ、別の教科の勉強に力を入れてみましょう。

●ますます重視される論理力

本章の冒頭で、「国語力は語彙力と論理力」だと書きました。入試でも、中学入試は心情理解についてのウェイトも大きいのですが、大学入試では論説文の比重が大きくなる傾向にあります。

先日、センター試験に代わる大学入試共通試験のモデル問題が、契約書を読み解くものであったことが物議をかもしました。これを批判する人は、国語の勉強があまりにも実用に寄り過ぎて、名作を味わう文化がなくなってしまうのではないかという懸念を抱いています。

あわせて、２０２２年の学習指導要領の改訂で、高等学校の国語の選択科目に「論理国語」「文学国語」「国語表現」「古文探求」が新設されることも心配の種になっているようです。「これによって論理国語の選択が増えると、さらに名作を読まなくなってしまうのではないか」ということです。

ただ一方で、社会に出てからは実用的な国語能力が求められます。論理的な文章を読み、書くことができる能力が必要だということは以前から変っていないのです。

●空気を読むことよりも大切なこと

何度も述べていますが、**今までの日本は過度に「空気を読む」ことを求められ、「阿吽の呼吸」で物事を進めてきたハイコンテクストな社会でした。**

このため、発達障害の子どもたちにはやりにくかったわけですが、日本にいるとしても外国の人と一緒に学び、仕事をすることが増えてきている今、「言わなくてもわかるだろう」「空気読め」は通用しなくなっています。**世の中が国際基準に合わせようとする時代なので、論理的に、漏れなく説明できるスキルが今まで以上に求められているのです。**

そのため、やはり国語全体として見ると文学の占める割合は小さくなりますが、考えようによっては、心情読解が苦手な人にとってはプラスに働くかもしれません。心情は読めなくても、論理を追うことができればまずは大丈夫です。

そうした変化もあり、ますます論説文を読み解くテクニックを身につけることは重要となっています。では、論理的思考ができるようになるには、どうしたらいいのでしょうか。こちらについても論理的思考を重視したトレーニングテキストは多数出ていますので、合うと思うものに取り組んでいただければと思います。

「理屈っぽい文章を読むのはどうも苦手で…」という人も多いと思います。そうかと思えば、発達障害がある人の中には、論理に強いこだわりをもつ人もいて、そういう人は論説文と数学がとても得意だったりします。こういうタイプはＡＳＤに多い傾向です。変わり者扱いをされることも多いのですが、仕事においては驚異的なスキルを発揮することもあり、社会の中では強い立場にいることが多いような気がします。

一方、論説文が嫌いな人は、気が散りやすいタイプの方が多いかもしれません。なぜかと言うと、途中で飽きて、気が散ってしまうからです。なぜ飽きるのかと言えば、「つまらないから」という答えが大半でしょう。それでは、なぜ、つまらないのでしょうか。よくわからないからでしょうか。では、なぜわからないのでしょうか。**そもそも、論説文は、最初からわかるように書いてありません。論説文はわからないことに対して自分の答えを展開していくものです。**大体最初は抽象的なことや意味のわからないエピソードが書いてあります。何のことだと思って読んでいくと、そのうち具体的な説明が出てきます。**この、「具体」と「抽象」の関係を行き来するのが論説文なのです。**

●「指示語」と「接続語」をチェックしよう！

具体と抽象を繋ぐ重要なものが、「指示語」と「接続語」です。「これ」「それ」などが、どこの部分を指すのか、きちんと追うようにしましょう。指示語と指している部分に傍線を引き、矢印で繋いでおきます。また、「しかし」「よって」「ところで」など、接続語によって文章は大きく方向を変えていきます。接続語の後に言いたいことが書いてあることも多いので、ぐるっと丸で囲んでみて、前後でどう変わったか、

接続語をぐるっとマーク

あるいは変わっていないか、意識して読んでみるようにしましょう。

　このような読解に対する課題がある程度クリアできたと思ったら、**中学入試の過去問に取り組んでみるといいでしょう。**この文に題をつけるとすれば何か、などといった問題も出てきますが、この力は一生役に立つものです。最初は難しいですが、具体化と抽象化を適切に行き来できるようになれば、高得点が獲得しやすくなると思います。そのためにも、抽象的な概念を示す語彙を増やすことを意識しておきましょう。

　国語力は、すべての教科に関わって

きます。特に、大学入試でもっとも大きなウェイトを占める英語の長文読解にも影響を与えることもあり、心情読解は苦手でもやむを得ないのですが、最低限の力は身につけておきたいところです。無理に自分の学年のレベルにあわせる必要もありませんので、理解できるところまで遡って学習を進めてください。

3　算数の基本的な勉強法

●算数ができると自信をもてる！

次に、算数の勉強法について解説します。まずは一般論から始めていきますが、子どもが嫌がらないようであれば、算数の勉強も早くから始めさせましょう。ただし、国語同様、算数障害の疑いがありそうでしたら早めに専門家に相談するようにし、特に算数障害がないようであれば、どんどん進めていきます。

なぜこれほどまでにお勧めするかというと、**算数は、子どもに自信をつけさせるのにとても効果があるからです。**答えが明確にでることもあり、算数ができると「自分

算数で自信をつけよう!

は頭がいい」と思いやすくなります。

また、きちんと積み重ねて勉強していかないと理解できないので、**算数ができるということは、勉強をきちんとしていることの証拠にもなります。**これが、**根拠のある自信にも繋がるのです。**

特にＡＳＤの子どもは計算練習の繰り返しも苦にしないことが多いので、算数が得意であることも多く、心の支えになるでしょう。実際、国語が苦手であったとしても、算数ができれば将来の職業の選択肢はかなり広がります。

●小学校入学前でも先取りを!

小学校までの課題は主に、数と図形です。お子さんが小学校に入る前、あるいは既に入学されていても苦手意識がある場合は、以下で紹介する方法を試してみてください。教材は親御さんの好みで選んで大丈夫です。

①数は覚えて比べる！

まず、**機械的な算数操作ができるようになるためには、「数」という概念を理解させる必要があります。そのため、1から10までの数を覚えさせます。**いくつかの数字をとりだして比べて、どちらが大きくてどちらが小さいかを比べるのです。3と5を比べたとき、5は3よりも大きく、3は5よりも小さい。このようなパターンを繰り返して、数の並びの意味を理解させましょう。それができたら、10より大きな数の数え方も教えていきます。

②図形は名前から！

図形は、丸、三角形、四角形など、それぞれの形の名前を教えることから始めます。積み木など、身近なものの形で説明してみましょう。市販の教材とあわせて説明するといいと思います。

こうして数と図形についての初歩的なことが理解できたら、100よりも大きな数の数え方を教えましょう。あわせて足し算、引き算の基本を教えていきます。まずは一桁の足し算、引き算からです。

③足し算、引き算は目で見てわかるように！

おはじきなどを使って、「足す」とか「引く」とはどういうことなのかを、子どもの目に見えるようにしながら教えていくのがコツです。この辺りの道具や知育教材は書店で売っていますし、インターネットで取り寄せることもできます。

④高度な計算で快体験を！

一桁の足し算、引き算ができるようになれば、『徹底反復「百ます計算」』（陰山英男、小学館）で足し算の速さを測ってみましょう。何度か取り組んでいるうちにタイムが上がっていくことに、子どもは快感を覚えるはずです。一桁の足し算、引き算に慣れてきたら、今度は二桁の足し算、引き算を教えます。図形も、二等辺三角形や、正三角形などの少し難しい形も教えましょう。そして、三桁の足し算、引き算と進んでいきます。

続いて掛け算です。掛け算の意味を教えて、まず九九の暗記をさせましょう。丸暗記で困ることはありません。どんどん覚えさせてください。暗記ができたら、タイムを計りながらチェックします。「百ます計算」と同様に、ゲーム感覚でクリアしていくとよいでしょう。そして、九九がスラスラと言えるようになったら思い切り褒めてあげる。さらに「百ます計算」を掛け算でやってみて、計算スピードを測るのです。図形も、立体の概念を教えることができればベストです。高度なことができるようになればなるほど子どもの快体験は増えていき、根拠のある自信が身についていきます。

●学習の留意点

新しいことをどんどん教えるのはいいのですが、学習を進めるうえで大切なことは、**必ず復習をしながら勉強を進めること**です。特に計算は基本の積み重ねですので、すでに終わらせた計算ドリルを繰り返しやらせてみて、ミスがないかをチェックすることを忘れないでください。せっかくなので、どういうところでミスをしやすいか、親子で共有しておくようにしましょう。

算数は国語に比べると個人差が出やすいのですが、どうしてもうまくできるようにならなかったり、理解が及ばなかったりする場合は、無理せず国語など他の勉強を優先しましょう。幼い頃であれば、それが単にまだそういう気分でないだけなのか、もしかしたら算数障害のせいなのかは判断が難しいのですが、できないということで子どもを勉強嫌いにさせたり、頭が悪いと思わせたりすることは絶対に避けなければなりません。

算数は、頭がいいと思わせるのには最適なのですが、一方で、一度苦手意識が生まれると「頭が悪い」と思わせてしまう危険も大きいものです。

子どもが苦痛を覚えるようであれば、もう少し大きくなってから再チャレンジさせましょう。

●論理思考も解法パターンを暗記しよう

小学校高学年になると、論理思考の問題も出てきます。論理思考のポイントは、「なんでそうなるの?」ということについて、**子どもが納得するように教えることが大事**です。納得感が得られると、「さらに学んでいこう」と思えるからです。そのためにも、図を描きながら考える癖をつけさせてください。最初は親御さんが図を描いて説明してみせてください。

ただ、**小学校の段階で中学高校以上に思考力をつけろという強迫観念がやや強すぎ**

る親御さんもいるように感じます。何度か説明しているように、思考力が身についてくる時期にはバラつきがあります。「思考力を身につけろ」と押しつけてしまうと、子どもによっては辛くなってくることも考えられます。特に暗記型が好きなタイプの子どもは、その傾向が強いかもしれません。その場合は、**植木算や旅人算など、ひとまず解法パターンを覚えさせればいいと思います。**使っているうちに、楽しくなってくるのではないでしょうか。

　将棋の世界では若き天才・藤井聡太さんに注目が集まっています。では、藤井さんはなぜ強いのでしょうか。その場で一手一手ひらめいているのでしょうか。**恐らくは、多くの勝ちパターンを知っているのだと思います。**将棋でプロを目指す人は、最初に膨大な数の棋譜を覚えさせられ、そして、それを上手に引き出しているのです。こう来たらこう返す、そのパターンを数多く覚えて、ずっと先の手を読む。仮説を立てて行動し、それが外れたら次のパターンを考える。その繰り返しなのではないでしょうか。ルールが決まっている世界では、どれだけの勝ちパターンを知っているかで、勝ちやすさが決まるのです。

　思考力とは、詰め込んだ知識を引き出して応用する能力です。そのため、どれだけ多くの知識や思考パターンをもっているかで大きく差が出ます。他の子がもっていない思考の材料を用意すればいいのです。ＡＳＤの子どもも、解法パターンを暗記することで算数の力を身につけることができます。たくさん解法パターンをもっているほうが算数や数学が強いのですが、そのためにその問題を解かなくても、解法を暗記してもいいのです。私は解法パターンを暗記していく戦略を「暗記数学」と呼んでいます。ただし、暗記数学は、答えを理解しないと覚えることはできません。学習障害で理解力が乏しいときは、答えを理解できないことがあります。その場合は別の手が必要になってきますし、難しいようなら、後回しにしたり、パスしたりすることも忘れないでください。

●図形で明暗が分かれる中学受験

図形については、残念ながらかなりセンスが問われます。センスを身につけさせるために早くから積み木やブロックで遊ばせるといいということはよく言われていますが、その効果も当然人によって異なります。

中学受験対策として、図形問題の基礎的な解法パターンを身につけさせることも悪くないのですが、やはり最難関レベルになると、高度なセンスが求められます。何度やっても学力がついている実感が得られないようであれば、中学受験を見送るのも手です。**図形の問題は、小学校の教科書レベルは簡単ですが、中学受験レベルの図形はとても難しいのです。**

そもそも、なぜ中学受験の図形問題はそこまで難しいのでしょうか。その答えは、中学受験が抱える本質的な制約にあります。計算問題では、中学校の学習範囲である方程式を使ってはいけないことになっているため、建前としては小学校で学んだ計算方法で解くことのできる問題を出題するのですが、それだけでは差がつきにくいので、**学力差を見分けるために、図形問題で難問を出すことになるのです。**

こうして、図形は極端に難化していくことになるのですが、これができないことにこだわりすぎると、子どもに変なコンプレックスをもたせることになりかねません。できる子はいいのですが、できない場合に変なコンプレックスをもたせないことは重要なポイントです。高校受験、大学受験になるとそこまでひらめきやセンスを求められる問題は出題されませんので、そちらに逃げるという選択肢もあります。

なお、中学受験の算数で、本当に方程式を使って解いてはいけないのかというと、そういうことでもないようですが、方程式で楽に解ける問題も少ないようです。ともあれ、できることで損はないと思います。また、中学受験を見送る場合も、先に進むことはまったく問題ありませんので、方程式を含め、どんどん新しいことを教えてください。後々を見越して、大学受験を突破できる総合力をつけることを考えておくといいと思います。

4 算数の学習に困難がある場合は？

●ASD、ADHDの場合

ここまで、算数の基本的な方針について説明してきました。ただし、これは理想的な進行であり、このとおりにはいかないことも多いでしょう。特に、発達障害がある場合は個々の子どもの様子での判断が必要になってきます。以下、ASDとADHD（あるいは両方の重複）の場合の考え方について説明していきます。

まず**計算力については、算数障害でなければ、ひたすらやらせておけば通常できるようになります。どんどん計算練習をしましょう。**

ASDの子どもは常同作業（繰り返し同じことをすること）が得意であることが多く、計算練習を重ねると計算も得意になることが多いです。ADHDの子にとっては、同じ計算練習だけでは飽きてくる可能性も高いので、少しひねった難しめの問題を解いているほうが面白かったりもします。そこで間違えたとしても、ミスをしたポイントを学ぶことで自分の癖などを把握することができます。

計算のいいところは、やっていればできるようになることです。そして、できるようになれば賢くなったような気がしてくるので、公文であれそろばん塾であれ、好きになってくると正のスパイラルに入ることができます。

●算数障害がある場合

では、次に算数障害がある場合の勉強法について解説します。算数障害は、学習障害（ＬＤ）の中の「計算することの障害」と「推論することの障害」にあたります。

算数障害は、乳幼児期の検診では見つけることが難しいものです。学校で授業が始まってから、早期に教育をしようと思ってなかなかうまくいかないときなどに気づくことが多いでしょう。できるだけ早い時期に気づくことが望ましいのですが、**気づいた段階で専門家とも相談しながら対策を講じるようにしましょう。**

●計算することが苦手な場合

足し算の繰り上がり、引き算の繰り下がり、筆算や暗算が苦手だったりする場合について お話しします。この場合、簡単な計算をするときにも指で数えたりします。抽象化した数処理が苦手なのでしょう。

ここでも、知育教材は役に立ちます。特にすごろくは数の大小や繰り上がりなどを理解するのに最適な教材です。好みのもので大丈夫ですが、「みんなで遊ぼう! 算数ゲームブック」(秋山仁監修、学研プラス)では、すごろくやビンゴなどがあり、これをやると楽しく数字の概念を理解することができるようです。算数の学習を始めたら、家庭内ですごろく遊びをしてみましょう。位が理解できてきたら、「人生ゲーム」(タカラトミー)なども楽しめると思います。

小学校低学年のときには、おはじきなど算数学習用のアイテムを学校で配られると思います。これは活用したほうがいいでしょう。学校に入る前から、購入してやらせてみるのもお勧めです。

簡単な暗算ができるようになり、繰り上がり、繰り下がりも問題なくできるようになったのであれば、次は筆算です。筆算が苦手な子どもは、位を揃えて計算するのが苦手なことがあります。こういう場合は方眼紙で筆算をさせるようにして、位を揃え

すごろくで数字のイメージをつかもう

るトレーニングをしましょう。ゆっくりでもいいので、落ち着いて計算するように働きかけていけば、次第に慣れてくると思います。

●推論することが苦手な場合

算数障害では、計算の障害のほかに、推論の障害があります。推論することが苦手だと、正確な数字を把握することが苦手だったり、逆におおまかな量を把握することが苦手だったりします。また、集合や線分で考えることが苦手だったりします。

推論が苦手な子どもは、数の概念を掴みきれていないのです。こういう場合も、すごろくが役立ちます。１、２、

3…とすごろくのマスに数字が順番に書いてあると、楽しみながら数の概念を理解できると思います。

また、文章題が苦手なケースもあります。これはASDなど他の発達障害との重複の可能性もありますが、こうなる理由としては、文章から場面をイメージするのが苦手なのか、イメージはできてもそれを数式に落とし込むことが苦手なのかの2つのパターンが考えられます。

文章題のトレーニングでは、**問題文をいくつかの段階に分けて整理していく訓練を繰り返しましょう**。また、先に方程式を教えてしまうほうが理解しやすいこともあるようです。中学受験で方程式はご法度のことが多いのですが、最終目標の大学受験には問題ありませんので、開き直って先に進めていきましょう。

もちろん、これらの対策でうまくいかない場合は専門家に相談すべきですし、算数についてはいったんあきらめるという姿勢も大切です。とにかく子どもに「自分はバカだ」と思わせないように注意を払いましょう。

●図形が苦手な場合

図形の説明には、小さなものでいいので、ホワイトボードを家に用意するようにしましょう（図形が苦手でなくても、図形以外の解説にも使えるので用意しておくことをお勧めします）。ボードに、図を描きながら説明するのです。言葉で説明したあとで図形を書いたほうが理解しやすいか、あるいは図形を書いてから説明したほうが理解しやすいかは子どもによっても異なるのですが、まずは両方を試してみることをお勧めします。

また、最近の通信教育などでは動画の活用も始まっています。平面だと理解しにくい子どもも、動画だと立体を理解しやすいので、こちらも有効活用しましょう。

5　試してほしい「暗記数学」

●暗記数学のススメ

算数は、中学校以降の学習範囲になると「数学」と名前を変えます。既にお子さんが中学生になっているか、あるいは小学生でも中学受験を見送って先取りを決めた場合は「数学」を学ぶことになるでしょう。ただ、お子さんが中学生になっていたとしても、**小学校の学習内容に不安がある場合は、遡って学習することを強くお勧めします。**遠回りしているように見えても、それが近道なのです。

先取りする場合ですが、**私は数学の勉強法として「暗記数学」を提唱しています。**なぜ暗記数学を提唱しているかというと、それで数学の成績が急上昇したからです。私は小学生のころにそろばん塾に通っていたこともあって算数は得意だったのですが、灘中に合格して気が緩んでしまい、まったく勉強しなくなってしまいました。結果、成績はみるみる急降下してしまい、得意だったはずの数学が、すっかり苦手教科になってしまいました。

悩んでいるうちにどんどん授業は先に進んでいき、完全に置いてきぼりになっていました。高1になると、授業では大学入試レベルの演習問題に取り組むようになりました。宿題で出された問題を、指名された生徒が黒板を使って解いていきます。当時の私に難しい問題を解く力があるはずもなく、宿題を難なくこなせる優等生のノートを借りて、その場をしのいでいました。

学校の中間テストや期末テストでも、授業でやった演習と同じような問題が出題されるのですが、とてもできません。自信をなくしていたところ、あるとき同級生のひとりが優秀な生徒の数学ノートを編集したものを売り出しました。これは便利だと思っていたら、しばらくしてその同級生の数学の成績が飛躍的に伸びたのです。これにはとても驚きました。

●解法を暗記すれば、成績は伸びる！

実は、彼はもともと数学が苦手だったのです。ところが、**優等生のノートを書き写して、編集を加えているうちに、解法を身につけていたのです。**そこで、私も同級生からコピーを買うことにして、載っている解法をひたすら覚えました。すると、テストの成績がみるみるうちに上がってきて、満点をとるようにまでなったのです。

とは言え、学校のテストは授業と同じような問題が出るわけですから、これ自体はさして珍しいことではありません。しかし、その後の模擬試験の成績もどんどん上昇していったのです。これは、解法を覚えたことで解法パターンが身につき、それを応用することでいろいろな問題に対応する力がついていたためでした。

そして私は、「解法パターンを暗記すれば、数学の成績は上がる」という事実に気づいたのです。そして、その後は「チャート式」の解法を頭からひたすら暗記し、解法パターンを身につけることに注力しました。その結果、数学を得意教科にすることができたのです。

●解法パターンの具体例

とは言え、これだけではわかりにくいと思いますので、具体例を紹介しましょう。

7＋4×6

という数式があります。言わずもがな、先に「4×6」を計算してから7を足すという計算の決まりがあります。そのため

7＋4×6＝7＋24＝31

となるわけですが、「先に×÷を計算して、次に＋－を計算する」という解法を頭に入れて同じような問題を繰り返し練習すれば、解法を記憶に定着させることができます。

ところが、同じような問題でも、解法パターンが少し違ってくる場合もあります。

解法を覚えて解く！

27×36＋36×73

はどうなるでしょうか？　先に「27×36」と「36×73」を計算して、それぞれを足すことでも答えを導き出せますが、27と73に、それぞれ「36」という同じ数字がかかっていることに気づくことで、

（27＋73）×36＝100×36＝

3600

と、より簡単に解けます。このように、解法パターンを暗記しておくと、似たような問題にも対応できるようになるわけです。

●解法は500~600程度覚えよう

ご紹介したのはごく簡単な計算例ですが、高校以降の内容であるベクトルや数列、微分・積分でも解法のパターンを身につければ、似たような問題が解けるようになります。ただ、**「なぜそのような式に変形するのか」を理解しておく必要があります。**解法の流れをしっかり理解できていないと、機械的に丸暗記しなければならなくなりますが、もちろんそんなことは不可能です。式を丸暗記することと「暗記数学」は別物です。**暗記するのはあくまでも解き方の手順**です。そのためには、解法の流れを理解することが最低条件になります。

文系の数学なら500~600パターンを暗記すれば、ほぼ大学入試に対応できるはずです。理系の場合は700~800程度でしょうか。もちろん、そのまま出題されるわけはなく、複数の解法パターンを組み合わせたような問題もありますが、解法パターンが頭に入っていれば、どの解法を組み合わせれば解けるかを考えることができます。

要するに、**難しい問題であっても、解法をたくさん覚えていれば、「これが使えるのでは」という方針が立てられるのです。**一つ目の方法でうまくいかなくても、別の方法を試すことができます。

こうしているとたいていの問題は解けますし、それで解けない問題は他の人もだいたい解けません。そういう問題は、いわゆる「捨て問」です。

教科書がよく理解できる場合は、分野ごとに教科書レベルから入試レベルに引き上げていくと効率的です。たとえば、高校の教科書で「方程式と不等式」を学んだら、すぐに青チャートなどで、その分野の解法パターンを暗記します。授業ですべての分野を一通り学んだあとに解法パターンを覚えようとするとブランクができてしまい、効率が悪いので、先取りで解法パターンを覚えてしまうか、授業にあわせて進めるのであれば、記憶が新しいうちに覚えてしまいましょう。

●暗記数学が合わない場合もある

暗記数学も英単語や漢字、熟語などと同じように、身についているかどうかを確認する必要があります。発達障害があって長期記憶に自信がない場合には記憶パターンにあった方法が必要になりますが、**多くの子どもには1週間後に同じ問題を解いてもらうことを勧めています。**それでできなければ、身についていないということです。

1週間後に同じ問題を解くことができたら、さらに1か月後、3か月後と時間を置いて、解法をきちんと暗記できているかをチェックしましょう。

なお、私はすべての子どもにこの暗記数学が合うとは思っていません。特に、数学に絶対的な自信があるような子どもは、あえて使う必要もないでしょう。さらに、「解法パターンの暗記」自体が難しいという場合は、また別の対策が必要です。もっと基礎に戻ったほうがよさそうでしたら、学年などを気にせず戻りましょう。

記憶力に自信がない場合は、復習のサイクルを短くするという方法もあるでしょうし、別の方法を試してみてもいいと思います。あわなくても悲観する必要はありませんが、もっと詳しく知りたいという場合は、拙著『増補2訂版　数学は暗記だ！（和田式要領勉強術）』（ブックマン社、２０１４年）を読んでいただければと思います。

6 暗記が重要な理科・社会の勉強法

理科・社会は暗記の部分が大きく、中学受験を考える場合、基本的には理解力を求められる国語と算数の勉強に時間を割いてほしいところです。ただし、理解系よりも暗記系が強い子どもも多く、そういう子どもにとっては理科・社会は大きな心の支えとなりますし、そこで大量得点をすることで国語や算数の負担を減らすこともできます。

●中学校までの理科の勉強法

理科の学習は、暗記で何となる部分も多く、逆にここが苦手という子どもも多いようです。暗記が得意な子どもは、暗記部分をどんどん進めていってください。花の名前や星の名前に詳しい子どももいますが、そういうことが好きであれば、どんどん覚えさせましょう。**物知りになった気がしてきますので、それが自己肯定感を高めてくれるはずです。**

理解力が求められるものは、電気抵抗やてこの原理などの問題が中心です。また、実際の解答には算数や数学のスキルが必要にもなってきますので、ここも暗記数学を応用して取り組んでいただければと思います。

中学受験をする場合ですが、最近は理科も難化が著しく、単に知識を増やしただけでは対応できないでしょう。計算やグラフ・表の読み取り、表現力などが求められます。どうしても苦手であれば、４教科（国・算・理・社）ではなく2教科入試ができる学校に挑む方法もあります。

しかし、中学入試では全教科満点を求められるわけではないので、考え方の問題ですが、苦手教科があっても気にせず得意科目を伸ばすことで、4教科の学校に挑むのも手です。その辺りは、模擬試験の結果や本人のやる気との兼ね合いになると思います。

中学受験をせずに高校受験に挑む場合には、**公立トップ校を目指すのであれば教科書レベルは完璧に押さえる必要があり、入試本番でも満点をとるつもりでいく必要があります。**特に都立のトップ校の場合、英数国は自校作成問題なので平均点が下がりやすく、共通問題の理社で高得点を稼がないと不利になってしまうのです（逆に、理社が苦手でも英数国の得点力に相当の自信があれば受かる可能性もあります）。

ただ、理社の場合は、暗記だけでもかなりの得点を稼ぐことができますし、難易度的には市販の問題集を完璧にこなすことができれば本番の入試にも十分に対応できます。それが難しそうであれば、既に述べたように必ずしもトップ校に行く必要はないと思いますので、大学入試を見据えて英数国の強化を優先してもいいでしょう。

●大学入試の理科対策

高校では、理科は物理、化学、生物、地学に分かれます。地学を学ぶ人は少ないですが、センター試験では他の科目に比べると短期間で高得点が狙いやすいこともあり、文系受験生の中にはセンター試験用に勉強している人が一定数いました（今後はどうなるかわかりませんが）。

理系に進む人で理解系が好きな人は物理と化学、暗記系が好きな人は化学と生物を選択するパターンが多いのですが、大学で何を専攻するかによっても変わってきます。数学が得意な人は、物理でも点数を稼ぎたいところです。**物理では「力学」と「電磁気」の分野を攻略することが肝心です**。特に「力学」は最重要分野であり、ここがわからないと他の分野もわかりにくくなります。

何より大切なのは、**物理現象や法則を正しく理解すること**です。実際に問題を解きながら、解法パターンと一緒に公式を覚えていきましょう。公式を適用して問題を解くプロセスを繰り返しているうちに、自然と公式を覚えてしまうはずです。それができなくても、物理も解法暗記が有効で、最初から模範解答を見ていいのですが、その理解が大切になります。理解できない場合は、もう少し問題集のレベルを下げるか、家庭教師や予備校の講習を利用するとよいでしょう。

化学については単純な暗記科目だと思っている人がいますが、そうではありません。化学は大きく「理論」「無機」「有機」の3分野に分けられます。「無機」と「有機」は暗記が有効で、覚えれば覚えるだけ有利になります。一方、**「理論」は物理でいう「力学」にあたるところで、カギになる分野です。**理系志望で暗記が苦手な場合は、物理と、化学の「理論」でできるだけ高得点を稼ぐというのを基本方針にしてみてはいかがでしょうか。

生物は、物理や化学と比較すると暗記が多くなります。教科書を読みながら、できるだけ学校の授業とサブノートを活用しながら知識を身につけていくのが基本でしょう。ただし、暗記主体の科目であっても問題集を解くことは必須となります。理系志望であっても数学と物理にそこまで自信のない人は、化学と生物で高得点を目指すという選択肢もありますが、生物では受験できない大学もありますので、注意が必要です。

●社会はまさに学年不問！

社会の基本は暗記ですが、地理が好きな子どもなどは、覚えろと言わなくても勝手に覚えていたりします。歴史マニアも同様です。こういう子どもは、同じクラスや学校、塾などに同じ趣味をもつ子がいれば、それが心の支えになることもあります。

残念ながらそういう友達が見つからない場合は、親が子どもの話を聞くようにしてあげましょう。ここで楽しく聞いてあげると、さらに勉強しようという気になっていくのです。三国志や戦国時代、幕末の歴史にはまった子どもに、時代小説を勧めたりすると、そこから小説を読むようになっていく子どもも多く、より効果的です。

いずれにしても、**暗記系科目は理解系よりも前に進みやすいので、先取りできるようであれば大学受験レベルまで一気に終えてしまってもいいでしょう。**

中学受験をする場合は、社会も難易度が上がっており、論述問題が増えていることに加えて、統計を読み解く力なども求められるようになってきています。統計を読む力は実業界から大学に対して就職活動の前に身につけておいてほしいスキルとして長く要求されていたものですが、そのための学びがどんどん下の学年に降りてきています。

しかし、こういったことを学校教育で学ぶことがなかった現役ビジネスパーソンも多く、書店に行くと統計の本で溢れかえっています。無論、入試の統計でそういったレベルのものは求められませんので、知識を蓄えるとともに資料から類推する力を身につけるようにしましょう。

中学受験をしない場合で、暗記系もあまり好きでない場合には、まずは英語・数学・国語の力を伸ばすことを優先しましょう。あとは理科の勉強方針と似ていると思います。

●暗記から記述重視へ

高校社会は世界史、日本史、地理、倫理、政治経済、現代社会と細かく分かれますが、基本的には世界史と日本史、地理の勉強が主になるかと思います。従来の歴史の入試問題については、国立は記述重視、私立は細かい知識の暗記と棲み分けがされていましたが、**大学入試改革の動きを受けて、私立大学の入学試験でも重箱の隅をつつくような問題は減っていくかと思います**。特に、早稲田大学政治経済学部が入試において数学を必須とするとともに、難問奇問を減らす方針を打ち出しましたので、その影響は大きいでしょう。

ちなみに、男の子には、算数・数学と社会が得意というパターンも多いです。ＡＤＨＤの成人男性にもこのパターンが多いように思います。国語はあまり得意ではないけれど、好奇心が旺盛で知識を増やすのが好きなタイプです。国立大学を受ける場合のセンター試験対策ではとても有利でしたが、一般入試や国公立大学の二次試験で数学と社会を同時に選択できる大学は少なく、国立大学では東大・京大・一橋、私立大学では慶應の商学部くらいしかフィットする学部がありませんでした。

そのため、社会一科目に絞った受験生よりも得点力が劣るケースが多かったのですが、今後は文系学部、特に経済学部でも数学を入試で課すところが増えてくると思いますので、一般入試の選択肢は増えるかもしれません。

7 英語の先取り学習

●ハードになる英語学習

昨今話題の教育改革ですが、一番の目玉は英語教育です。現在は小学校５・６年生で外国語活動として英語を学んでいますが、２０２０年度からは**小学校３・４年生から外国語活動としての英語を学び、小学校５年生からは教科として英語を学んでいきます。**

そのため、当然国語や算数と同じように成績がつくことになります。さらに、中学校や高校で習得すべき単語数も増えていくので、**今までの英語学習よりもハードな学習を要求されることになると言えるでしょう。**

英語は、発達障害の有無によって習得の得手不得手はあるものの、勉強によって克服できる教科です。根気がいるのでＡＤＨＤの子はやや不利だと思いますが、英語圏の国の子どもたちが、ＡＤＨＤであっても母国語を話せるし、ディスレクシアでなければ読み書きができることからもわかるように、語学は大量に触れて、慣れれば次第にできるようになっていきます。

●英語も早めに始めよう

お子さんに発達障害があると思った場合、英語力をとにかく伸ばしておくというのも有効な戦略だと思います。特に、現状では中学入試で英語がないところも多く、中学受験経験の有無だけでは英語の学力差が生じにくいのです（平均的には中学受験経験者のほうが学力は高いでしょうが、それは勉強への抵抗感のなさや、中学校入学後の指導体制の差によるものでしょう）。

あるいは、中学受験に力を入れるために受験に関係のない教科の手を抜く人も多いでしょうから、その隙に英語力で差をつけておくことはきわめて有力な戦略です。英

英語表現をそのまま暗記！

語1教科で入試をパスできる大学もありますし、英語の配点が極めて大きい大学では、実質的に英語力で勝負がつきます。早めにやっておくことで得られるアドバンテージはきわめて大きいのです。

可能であれば、**外国語活動として始まる小学校3・4年生を待たずに、できるだけ早く英語の勉強を始めてしまいましょう。**英語の前に日本語力を身につけさせることが大事だと主張する人もいますが、私は英語の早期教育は問題ないと思っていますし、未就学であっても大丈夫です。ただ、未就学児に英語の文法を教えても理解はできないと思います。5文型が云々…などと伝えても無意味です。この段階では、英語表現をひたすら丸暗記するだけで大丈夫でしょう。何度も何度も口に出して英語を音読するのです。

たとえば、「Good Morning は「おはよう」という意味、What are you doing? は、「何をしているの？」という意味、I am playing soccer. は「サッカーをしています」という意味、とそのまま覚えさせるのです。そもそも、アメリカ人の子どもが言葉を覚えていくときに、文法などを気にするでしょうか。何度も話しているうちに、自然と覚えていきますし、接続詞や語順も間違いません。それこそが体で覚える文法なのです。

ごく簡単な英語を教えるだけですから、市販の教材を使って親御さんが教えることも十分可能だと思います。**一緒に声を出して、英語の文章を子どもと一緒に読み上げていきましょう。**覚えた英語の文章を使って子どもと親御さんが英語で簡単な会話をすると、自分は英語も使えるのだと思って大きな自信をもつようになります。

さらに、もし近くに英語圏からの留学生などがいるようでしたら、子守りを兼ねてアルバイトで子どもの面倒を見てもらうと英語を学べるかもしれません。ある程度日本語も話せるということが条件にはなりますが、親以外に教わったことを実践できる相手がいると、さらに嬉しくなることでしょう。

「幼児の英語学習」というと、一般にはお遊戯をしたりするスクールを連想する人が多いと思います。残念ながら、このような英語学習は実際の受験には役には立ちません。それよりは、親御さんご自身で教えられたり、親御さんが英語に自信がない場合は、しっかりとしたテキストを教材にして英会話を教えているスクールを探してみたりするほうがいいでしょう。このように、「お遊び」というよりは教育として英語をしっかり教えるほうが賢明です。

いきなり英語がペラペラになることはないでしょうが、片言の英語を話すことが増えるのではないでしょうか。幼い頃から英語の勉強を始めておくと、実際に英語を習うときには英語に対するハードルが相当低くなっていると思います。

●アメリカの教科書を入手しよう

お子さんが既に小学校に入学している場合も、待ったなしで英語の勉強を始めましょう。基本的には先程説明した英語の学び方になりますが、**お勧めなのはアメリカの小学校の教科書を手に入れて読んでみることです。**

具体的には、小学校1年生のときに、アメリカの小学校1年生の教科書を手に入れて読ませるのです。そして、小学校2年生のときには、2年生の教科書を読ませまし

アメリカの教科書を手に入れて勉強！

ょう。少し高価ですが、入手する価値はあると思います。文法はまだ無視して大丈夫です。とにかく、**文章まるごと音読させて、その文章の意味を教えるのです。**

英語であっても同じく小学生のための教材ですので、難しいことが書いてあるわけではなく、同学年相当でそれがもし日本語であれば理解ができる内容であるはずです。文章とその日本語訳を丸暗記させてみてください。**そうすることで、他の教科の勉強にもなるのです。**

なお、この段階では「教科」ではありませんので、書き取りもスペルの暗記も不要です。とにかく文章を音読させて「感覚」を掴んでもらいましょう。そうすると3年生を迎えて英語の時間が始まったとき、「なんて易しいんだ！」と自信をもつことができるはずです。

●中学生のうちに「英単語3000語の壁」をクリアせよ！

英語は、社会に出てからも非常に役に立つ教科ですので、確実に得意教科にしておきたいところです。理解系が得意で暗記系が苦手な人は結構多いのですが、実は理系のほうが文系よりも英語を使う機会は多いかもしれません。

医師や研究職、技術職といった職業に就く場合、論文執筆や海外の学会での発表などの機会もあるので、文系以上に高度な英語力が求められます。また、文系の事務職であっても、最近は社内メールを英語にしているところもあり、もはや英語の重要性はどこまで語っても語りすぎることはないでしょう。

幼児期や小学校時代から効率的な英語学習を続けている場合であれば、中学校入学以降もぜひ勉強のペースを保ってほしいと思います。中高6年計画で時間を十分に使えるのであれば、英単語は文章の中で覚えていくのが効果的でしょう。実際、大学受験用の参考書として文章でいくつかの単語を覚える『DUO3・0』シリーズ（鈴木陽一、アイシーピー）や、文章の読解をしながら英単語を覚える『速読英単語』シリーズ（風早寛、Ｚ会）や『速読英熟語』シリーズ（岡田賢三、Ｚ会）などは受験生に長く愛用されており、効果的だと思います。単語だけ機械的に覚えるよりも、文章の中で覚えたほうが、使える知識になることは間違いありません。

高校受験ではリスニングやライティングの力も求められますが、公立高校の入試問題であれば、それほど極端に難しい問題は出ませんので、こういった基本をおさせておけば問題なくクリアできると思います。できれば、中学生のうちに高校で習う範囲もどんどん勉強してしまいましょう。**文法については、理論をコツコツ勉強するよりも、練習問題を解きながら帰納的に学んでいけばいいのです。英語のシャワーを浴びている人であれば、それで十分体得することができます。**

一方、お子さんが既に高校生で、単語力が不足していると感じている場合は、先に単語を覚えてしまいましょう。先程紹介した『ＤＵＯ３・０』シリーズは、短文の中で効率的に単語を詰め込んでいますので、一気に語彙数を増やすことができるでしょう。

単語を丸暗記するのは大変な作業ですが、２０００～３０００語覚えてしまえば、その後、英文を読むスピードは格段に速くなります。要するに、中学のときまでにリードしておけば、高校での勉強がとても楽になるのです。逆に、中学のときにのんびりしてしまうと、高校での勉強が非常に苦しくなります。実際、中学校で習う英単語が500～1000語なのに、難関大学受験には6000語は必要とされています。

中学校の間にその半分を習得しておくと、大学受験がずっと楽になります。

目安としては、中2の途中までに中3で習う範囲まではマスターしておきたいところですが、それより多い分にはどんどん進んでも構いません。国語力が語彙力であるように、英語力も単語力なのです。

●精読と速読

大学入試改革で、今までの「読む」「書く」中心の出題から、英語の「4技能」である「読む」「聞く」「書く」「話す」力が問われるようになるとされています。**音読は、「読む」「話す」の力を鍛えるのはもちろん、音に慣れることで「聞く」力も伸ばします。音読を続けることで「書く」力も鍛えやすくなるのです。**

とは言え、今までの「読む」英語の負担が軽くなるということではないようです。要は、求められる能力が増えているのです。当然、長文読解も引き続き出題されると思われます。長文読解は大量の英文を読み、一読して内容を把握する能力が求められます。

しかし、学校の英語の授業では時間をかけて英文を訳したり文法を身につけたりすることが多いため、英文を速く読む力を身につけることは難しいでしょう。また、この勉強法はＡＤＨＤの子にはとても退屈なものです。先に説明したように、ある程度単語を暗記し、基本的な文法と構文を身につけたうえでたくさん英文を読み、読みなれていくのがベストです。

ただ、「読む」といっても、「精読」と「速読」に分かれます。**「精読」とは、参考書の英文を辞書や文法書を使って自分の手で全訳する勉強法のことであり、「速読」とは、全訳はせずにスピードをつけて読みながら内容を把握する勉強法のことを指します。**丁寧に読むことは基本ですし、また精読によって単語力も文法力もつきます。しかし、それだけではスピードが身につかないのです。**精読と速読を交互に繰り返しながら、英文読解のレベルを上げていきましょう。**

速読が苦手なうちは、ついすぐに辞書を使って単語を調べようとしてしまいます。でも、我々が日本語の文章を読むときに、わからない語句があるからといっていちいち辞書で単語の意味を調べるでしょうか。わからなくても、大まかには前後の文脈で類推することができるのではないでしょうか。英語も慣れてくると、そうなってきます（もちろん、そのためには精読もしっかり取り組んでおく必要はありますが）。

そのため、**速読のトレーニングのときには、最初は一つひとつの単語の意味にこだわるのではなく、いくつかの単語をまとめて意味を把握するように意識してください。**問題がついている問題集の場合は、２回目の通読を終えたら、実際に問題を解いて答えあわせをします。そのあとで、全訳と照合しながら、意味がとれなかった箇所を訳してみましょう。最後に、わからない語句を辞書で調べて、もう一回通読します。こういった勉強法を続けていると、英語力は非常に安定してくると思います。

●英語力は発達障害がある人にとっても大きな武器になる！

語学の学習は根気がいるので、どうしても長時間集中力を保つことができる子どものほうが有利になりがちですが、音読中心であれば、座っていなくても、立ちながらでも練習することができます。また、記憶力がそこまでよくなくても、スペルを正確に覚えるのはあとでいいと思って音読を続けることができれば、次第に英語力はついてきます。**発達障害がある子どもにこそ、英語力は大きな武器になるのです。**

さらに言うと、前にも触れましたが、欧米では日本ほどは発達障害について気にしないように思います。日本が発達障害大国と言われるのは、日本人の同調圧力が高く、空気を読むことを過度に求める社会だからではないでしょうか。世界では、空気を読

む力よりも数字を読めたり、あるいは感受性が高かったりすることが求められていま
す。つまり発達障害の人が活躍しやすいのです。ぜひ高度な英語スキルを身につけて、世界で活躍できる人材になっていただければと思います。

ここまで教科ごとの勉強法を解説してきましたが、発達障害だからと言ってこういう勉強法を試してはいけない、ということはありません。むしろ、発達障害だからこそ、いろいろな勉強法を試してみて、お子さんにあう方法を見つけてみてください。歴史を振り返るまでもなく、発達障害があっても活躍している人は大勢いらっしゃいます。「障害」ではなく「個性」だと思って課題に挑戦していっていただければ、お子さんの「個性」は「強み」や「武器」になってくると思います。ぜひ頑張ってくださ
い。応援しています。

おわりに

私がこの本でもっとも重視したのは自己肯定感です。

発達障害に限らず、何らかの障害がある子どもはどうしても欠点が目立ち、その部分に目がいきがちです。これによって、自己肯定感をもつことが阻害され、無用な劣等感をもちかねません。

でも、子どもの取り柄に目を向け、長所を伸ばしていけば、しっかりとした自己肯定感が得られるはずです。エジソンにしても坂本龍馬にしても、あるいは、発達障害はこれからの時代むしろ武器になると主張するＨＯＮＺの成毛眞さんにしても、とても自己肯定感が高いからこそ成功できたのでしょう。

あえて苦手なことを無理に解決しようとするより、得意なことを伸ばしていくほうが時代にマッチするかもしれませんし、受験でも意外に有利に働くはずです。諦めは禁物です。

この本は、私なりに発達障害の子育てや、その子が特に勉強を武器にするためのテクニックを考えられるだけ書きました。試すヒントになれば、そしてその子の将来の幸せにつながれば著者として幸甚です。

末筆になりますが、本書の編集の労をとってくださった日本能率協会マネジメントセンターの東寿浩さんにはこの場を借りて深謝いたします。

2019年10月

和田秀樹

参考文献一覧

石塚謙二・名越斉子・川上康則・冢田三枝子編『発達障害のある子どもの国語の指導：どの子もわかる授業づくりと「つまずき」への配慮』教育出版、2015年

岩波明『発達障害』文藝春秋、2017年

岩波明『天才と発達障害』文藝春秋、2019年

上野一彦編『イラスト版LDのともだちを理解する本：楽しく学ぶなかよし応援団』合同出版、2011年

おおたとしまさ『なぜ、東大生の3人に1人が公文式なのか？』祥伝社新書、2017年

おおたとしまさ『ルポ 教育虐待：毒親と追い詰められる子どもたち』ディスカヴァー・トゥエンティワン、2019年

岡部恒治・戸瀬信之・西村和雄編『分数ができない大学生：21世紀の日本が危ない』東洋経済新報社、1999年

熊谷恵子・山本ゆう『通常学級で役立つ 算数障害の理科と指導法：みんなをつまずかせない！ すぐに使える！ アイディア48』学研教育みらい、2018年

小池敏英監修『LDの子の読み書き支援がわかる本』講談社、2016年
佐藤和美『感覚統合を生かしてたのしく学習：読む力・書く力を育てる』かもがわ出版、2010年
田中康雄監修『イラスト図解　発達障害の子どもの心と行動がわかる本』第2版、西東社、2015年
東大家庭教師友の会『頭のいい子が育つ習い事』KADOKAWA、2015年
成毛眞『発達障害は最強の武器である』SBクリエイティブ、2018年
日本精神神経学会　日本語版用語監修／髙橋三郎・大野裕監訳『DSM-5精神疾患の診断・統計マニュアル』医学書院、2014年
日本精神神経学会　日本語版用語監修／髙橋三郎・大野裕監訳『DSM-5精神疾患の分類と診断の手引』医学書院、2014年
本田秀夫『発達障害　生きづらさを抱える少数派の「種族」たち』SBクリエイティブ、2018年
松為信雄・奥住秀之『これでわかる　発達障がいのある子の進学と就労』成美堂出版、2019年
宮尾益知『発達障害の基礎知識』河出書房新社、2017年
宮城武久『障害がある子どもの文字を読む基礎学習：導入から単語構成の指導』学研プラス、2016年

宮本信也監修『じょうずなつきあい方がわかる　LD学習症（学習障害）の本』主婦の友社、２０１８年
和田秀樹『勉強ができる子に育つお母さんの習慣』PHP研究所、２０１３年
和田秀樹『増補２訂版　数学は暗記だ！（和田式要領勉強術）』ブックマン社、２０１４年
和田秀樹『「東大に入る子」は５歳で決まる：〝根拠ある自信〟を育てる幼児教育』小学館、２０１７年
和田秀樹『公立・私立中堅校から東大に入る本』大和書房、２０１９年
和田秀樹『受験に勝つ！　和田式 自分のやる気をつくる本』海竜社、２０１９年

【著者紹介】

和田秀樹（わだ　ひでき）

1960年大阪府生まれ。東京大学医学部卒業。東京大学医学部附属病院精神神経科助手、米国カール・メニンガー精神医学校国際フェローなどを経て、現在、国際医療福祉大学教授、川崎幸病院精神科顧問、和田秀樹こころと体のクリニック院長、「I&Cキッズ スクール」理事長。

27歳の時に執筆した『受験は要領』（ごま書房）がベストセラーになり、緑鐵受験指導ゼミナールを創業。映画監督としても活躍し、受験指導経験をもとに制作・監督した『受験のシンデレラ』はモナコ国際映画祭で最優秀作品賞を受賞。

『アドラー流「自分から勉強する子」の親の言葉』（大和書房）、『感情的にならない本』『自分は自分 人は人』（新講社）、『受験学力』（集英社）、『医学部にとにかく受かるための「要領」がわかる本』（PHP研究所）ほか、著書多数。


緑鐵受験指導ゼミナールHP　http://www.ryokutetsu.net/

発達障害の子どもが
自己肯定感を高める最強の勉強法

2019年11月30日　初版第1刷発行

著　者——和田秀樹　
発行者——張　士洛
発行所——日本能率協会マネジメントセンター
〒103-6009 東京都中央区日本橋2-7-1 東京日本橋タワー
TEL 03(6362)4339(編集)／03(6362)4558(販売)
FAX 03(3272)8128(編集)／03(3272)8127(販売)
http://www.jmam.co.jp/

装丁・イラスト——野田和浩
本文DTP——株式会社RUHIA
印刷所——シナノ書籍印刷株式会社
製本所——ナショナル製本協同組合

ISBN 978-4-8207-3191-7　C0037
落丁・乱丁はおとりかえします。
PRINTED IN JAPAN